图说 中国传统节日 习俗与故事

梁燕妮——编著

人民邮电出版社

北京

图书在版编目（CIP）数据

图说中国传统节日：习俗与故事 / 梁燕妮编著.

北京：人民邮电出版社，2025. -- ISBN 978-7-115

-65207-2

I. K892.1-49

中国国家版本馆 CIP 数据核字第 2024C0T626 号

内 容 提 要

这是一本引人入胜且设计精美的图书，深入浅出、图文并茂地展示了中国传统节日的韵味与魅力。全书精选了 16 个具有代表性的中国传统节日，如春节、元宵节、清明节和端午节等，不仅讲述了这些节日的起源、历史演变，还生动地描绘了节日的传统习俗，如春节的拜年、放鞭炮，端午节的赛龙舟、吃粽子等，相信读者在学习节日文化的同时，也能感受到中华民族别具特色的民俗风情。

书中特别设置了"古诗词里的节日"和"漫画小剧场"两个板块。前者通过经典古诗词，让读者更加直观地感受传统节日的美好氛围；后者则以生动有趣的漫画形式，讲述了与节日相关的传说故事，为阅读增添了不少趣味。此外，为了增强互动性，书中还特别设置了"动动手"板块，通过有趣的互动环节，读者能够在动手实践中感受传统节日的乐趣。

本书既适合家长与孩子共同阅读，也适合对中国传统节日文化感兴趣的读者深入品读。

◆ 编　著　梁燕妮

　　责任编辑　张丹丹

　　责任印制　陈　犇

◆ 人民邮电出版社出版发行　　北京市丰台区成寿寺路 11 号

　　邮编　100164　电子邮件　315@ptpress.com.cn

　　网址　https://www.ptpress.com.cn

　　雅迪云印（天津）科技有限公司印刷

◆ 开本：787×1092　1/12

　　印张：16.67　　　　　　　　2025 年 1 月第 1 版

　　字数：333 千字　　　　　　2025 年 1 月天津第 1 次印刷

定价：129.80 元

读者服务热线：(010)81055410　印装质量热线：(010)81055316

反盗版热线：(010)81055315

广告经营许可证：京东市监广登字 20170147 号

推荐

　　阿谷（梁燕妮）的作品总能让我在繁华喧嚣的都市中，感受到来自乡间的一缕清爽。吹着麦里的风，闻着稻里的香，重温儿时的一桌桌年夜饭，一场场热闹的灯会，一次次欢快的踏青，还有炎热夏季树荫下的乘凉……感受着淳朴的风土人情。只有心境悠然的人，才能绘出生活中最本真的情感。

插画师 九山

　　在阿谷（梁燕妮）老师创作的这本书中，画面充满着喜庆与祥和的气息，每一个细节都被精心雕琢，我能真切地感受到传统节日浓郁的氛围。那一桌年夜饭、一碗元宵，生动又有趣，让我仿佛回到了小时候，而"神鸟说"的故事更是令人久久不能忘怀。她以细腻的笔触描绘出时光的静谧之美，岁月静好的画面让人仿佛置身其中，感受到无尽的温馨、安宁与平和。

插画师 茶小茶

　　我一直很喜欢阿谷（梁燕妮）老师的作品。在刚开始接触插画的时候，我曾开玩笑地说："阿谷老师把破罐子、烂瓦片画得出神入化。"她总能将生活的细节巧妙地融入自己的作品中，这一点我尤为钦佩。本书不仅让我学到了传统节日的相关知识，也让我看到了一代代人传承的烟火气息。

插画师 阿卢几

　　阿谷（梁燕妮）老师把她对生活的热情和感悟凝于笔尖，绘于纸上，她的绘画作品充满生活的烟火气，让我们既能从中领略到山野田园之美，又能感受到丰富多彩的民俗风情。欣赏她的画作是一件很幸福的事情。

插画师 四本

　　我记得在一个中秋节，那是我刚从北方回到南方生活的第一个中秋节，我吃完晚饭在街上溜达的时候，看到街边商户的门前摆着一个个小案子，上面有瓜果点心，还有燃着的香烛。在夜色中，皎洁的月光、明亮的路灯和跃动的烛火交相辉映，构成一幅独特的画面。同行的朋友告诉我，这是人们在"拜月亮"，"拜月亮"是当地每年中秋节都会举行的仪式。我感到十分惊讶，因为在我的认知里，中秋节的习俗就是吃月饼，而"拜月亮"这样的习俗还是第一次听说。这次经历让我对传统节日产生了极大的好奇和兴趣，我开始思考，在千百年来形成的传统节日里，人们都吃什么、做什么，有什么约定俗成的习惯，又承载着哪些传说故事呢？不久，便有了契机促成了这本书的诞生。

　　本书选取16个大家所熟知的中国传统节日，内容涵盖传统节日的特色美食、民俗活动和民俗文化等方面，文字简洁通俗，同时配以大量的古风插图，充满生活的气息和意趣，生动地描绘了人们欢度节日的情景。另外，许多传统节日中都蕴藏着丰富的民间传说故事，这些故事不仅为节日增添了许多神秘的色彩，也是人们对历史的总结，对情感的寄托，还是文化和智慧的载体。本书采用"漫画小剧场"的方式把这些充满传奇色彩的故事讲给大家……

　　中国是一个有着悠久历史和深厚文化底蕴的国家，在人们长期的生产和生活实践中形成了大大小小、多姿多彩的传统节日，这些节日承载着丰富的历史、文化和民俗内涵。中国地大物博，民族的多样性、地区的差异性使得各个地方的节日民俗活动丰富多彩、各具特色，即便是同样的节日，节日习俗也往往因地而异。比如在元宵节，北方人喜欢吃元宵，而南方人更习惯吃汤圆；北方的小年是腊月二十三，而南方的小年则大部分是腊月二十四。

　　随着时代的变迁，人们的生活方式和生活习惯发生了翻天覆地的变化。一方面，一些传统节日慢慢地被淡忘，一些传统习俗在渐渐地消逝，我们可能会感到有些传统节日的存在感日益减弱。但是另一方面，又有新的元素和形式不断涌现，比如人们通过网络拜年、云对歌等现代方式，更加便捷地与亲朋好友分享节日的喜悦和祝福，为大家带来了全新的节日体验。

　　对传统文化的尊重和传承，不仅体现在某种形式或仪式上，更在于我们内心的情感认同。希望本书能够带领大家认识中国的传统节日，了解更多的传统文化和民俗文化。

梁燕妮

2024年7月

端午节 · 082
五色新丝缠角粽

上巳节 · 058
寻春直须三月三

花朝节 · 043
百花生日是良辰

清明节 · 070
乍疏雨、洗清明

洗晒节 · 095
三伏乘朝爽
闲庭散旧编

七夕节 · 108
金风玉露一相逢

中秋节 · 130
千里共婵娟

中元节 · 120
中元月上九衢明

目录

龙抬头 · 033
东风日暖闻吹笙

春节 · 008
爆竹声中一岁除

元宵节 · 023
千门开锁万灯明

除夕 · 184
儿童强不睡 相守夜欢哗

小年 · 172
此是人间祭灶时

腊八节 · 163
腊八家家煮粥多

冬至 · 153
冬至阳生春又来

重阳节 · 143
每逢佳节倍思亲

一个"年纪很大"的节日

春节，俗称"年节"，过春节俗称"过年"。春节是一个很古老的节日，早在殷商时期，人们就开始在冬季举行隆重的祭拜活动。到了西周初年，人们认为谷子一熟为一年，因此在新旧岁交替之际，人们会举行岁首节庆活动，以庆祝丰收。这一风俗逐渐演化为一年一度的盛大节日。到了宋代，民间流行拿着拜年帖登门拜年，这种拜年帖也叫"飞帖"。与此同时，年节的民俗活动越来越丰富，人们可以放鞭炮、烟火等。

如今，春节仍旧是中国盛大的传统节日，活动丰富多彩。春节不仅是一家人团聚的重要时刻，也是辞旧迎新的关键节点。

爆竹声中一岁除·

春节

正月初一

古诗词里的春节

元日

【宋】王安石

爆竹声中一岁除，春风送暖入屠苏(tú)。

千门万户曈(tóng)曈日，总把新桃换旧符。

译文

在一阵接一阵的爆竹声中，人们辞去旧岁，迎接新年。迎着和暖的春风，人们欢乐地畅饮着屠苏酒。太阳初升，照耀着千家万户，人们高高兴兴地用新的桃符替换旧的桃符。

屠苏酒

屠苏原本是指一种阔叶草，后来人们把屠苏草画在房梁上作为装饰，这种房屋也被叫作屠苏。在屠苏屋里酿的酒就是屠苏酒，屠苏酒是由几种中草药材浸泡在酒中酿制而成的。

小提示

屠苏酒的配方有很多种，这里仅作参考哦。

黄酒

肉桂

大黄

白术

防风

乌头

花椒

附子

节日里的习俗

初一

开门爆竹

在正月初一的早晨，人们打开大门的第一件事就是燃放爆竹，这被称为开门爆竹。爆竹声后，红色的纸屑铺满地面，这满地的碎红有个好听的名字——满地红，它承载着人们在新的一年里红红火火、顺顺利利的美好希冀。

小提示

小朋友们一定要在大人的陪同下放鞭炮哦，燃放时尽量选择比较空旷的地方，避免受伤和引发火灾。

爆竹

爆竹就是鞭炮。相传很久以前，有一个独脚山鬼，它逢年过节就出来骚扰村民。为了应对这一威胁，村民把很多竹子堆放在一起，然后放火点燃，燃烧的竹子发出"噼里啪啦"的声音，独脚山鬼被吓得落荒而逃，再也不敢出来作恶了。久而久之，燃放爆竹便成了逢年过节的习俗，人们希望通过这种方式驱灾除害，带来平安。

拜年

正月初一清晨，男女老少都穿上新衣裳，后辈们恭恭敬敬地向长辈们磕头拜年，祝愿长辈们健康长寿，通常后辈们都会收到长辈们给的压岁钱。同辈的亲朋好友、左邻右舍见面也要相互施礼，互相祝贺新年如意。

压岁钱

压岁钱也叫压祟（suì）钱，相传有一个名叫"祟"的小妖，每逢除夕的晚上就会出来捣乱，它喜欢摸小孩的脑门，被它摸过的小孩就会发烧说胡话。后来，大人们发现只要用红纸包上铜钱压在小孩的枕头下，"祟"就不敢再靠近了。

初二迎婿日（回娘家）

正月初二是出嫁女儿回娘家拜年的日子。女儿偕夫婿及子女一同回到娘家，还要把事先准备的各种精致的糕点等吃食作为年礼分送给邻里乡亲。

生财发财

初二是迎婿日，也是开年日，人们要拜祭天地神灵，并准备丰盛的开年饭。除了常规的菜肴，还会准备一些与吉祥语谐音的食物，如发菜、生菜、鱼和鸡等，寓意"生财发财""年年有余"等。

初五拜财神

人们在正月初五一大早就开始焚香燃烛，敲锣打鼓，放爆竹，摆贡品，迎接财神。从古至今，人们求财的心愿都是一样的。财神作为传说中掌管世间财源的神明，自然深受人们的喜爱，因此"拜财神"的习俗一直延续至今。

财神

你知道吗？人们常拜的财神可不止一位，武财神有赵公明、关公等，文财神有比干、范蠡（lí）等。传说赵公明能驾驭雷电、除瘟消灾、主持公道，人们所拜的财神一般是赵公明。

初六送穷启市

正月初六，店铺陆续开始开门营业。商家放鞭炮，舞狮游街，热热闹闹地开门做生意。老板和伙计们还会在店里猛摇算盘，用秤杆敲打秤盘，让店里响声一片，动静越大，寓意新的一年生意越红火。

送穷

古人认为在正月初六之前是不能打扫卫生、倒垃圾的，否则就会把过年时接到家里的"福气"都倒掉了。等到初六那天，"福气"就会变成"穷气"，这时就要及时清扫垃圾，把"穷气"送走，来年才会变得富足。

（注：在有些地方，正月初五为送穷日。）

初八开工日

到了初八，吃好了也玩够了，该走的亲戚也走得差不多了，人们开始收心，着手地里的农活，打工的人也该出门找活干了。商铺老板则要准备给店里的伙计发红包，正式打开大门做生意。

顺星节

初八又被称为"顺星节"。据说，每人每年都有一位值年星宿，而初八是众星君出来聚会的日子，因此人们便在这一天祭祀星君。在夜里，人们摆起灯花举行"接星"仪式，仪式结束后把这些灯花分散在屋里的各个角落，这就叫作"散灯花"。

漫画小剧场——《万年造万年历》

相传很久以前，有一个名叫万年的樵夫，他是一个善于观察、勤于思考的年轻人。

呃……吃午饭呀！

吃晚饭呢？

种黍（shǔ）？种稻？

当时乱糟糟的天时节令深深地困扰着人们，影响着农事耕种。

节令的变换有没有规律呢？

咦？影子跟刚才的不一样了！

影子的位置与方向也在变化！

影长……影子变短了……方向……

影子看不到了，得想个办法。

万年受到影子的启发，设计出了日晷（guǐ）仪，通过日影的位置来计算时间。可是，到了阴雨天没有太阳就看不到影子，日晷仪便失去了作用。

雨真大呀！

水滴的滴落是有节奏的，我有办法啦！

于是万年利用漏水的原理设计出一个五层漏壶，这样不管晴天还是雨天，都可以准确地掌握时间。

大王！臣请设祭台祭天神，以赐神力保佑万民！

这节令乱糟糟的，子民耕种是个大难题啊！

我刚刚种了黍……

种什么的都有啊！

大王，现在该种什么？

难呀！

种啥啥不成！

我种的小麦为什么没发芽？

我种了稻！

我种了高粱！

要是知道在什么时候种什么农作物就好了！

是呀！

无计可施的国君祖乙听了衡的话，带领百官去祭天，但并没有什么效果。

看你说的有点道理……

大王，天神与节令并不相干，我这仪器可以观测日月规律，从而推算节令。

万年知道后，带着日晷仪和漏壶去见国君，向国君阐述了日月运行和天时变化的规律。

来人，修建日月阁，设日晷台和漏壶亭，以便观测！

冬去春来，年复一年……

现在正是十二个月满，旧岁已完，新岁伊始，请大王定个节名吧！

春为岁首，就叫春节吧！

一岁月有十二圆
草木枯荣分四时
周而复始从头来
日出日落三百六

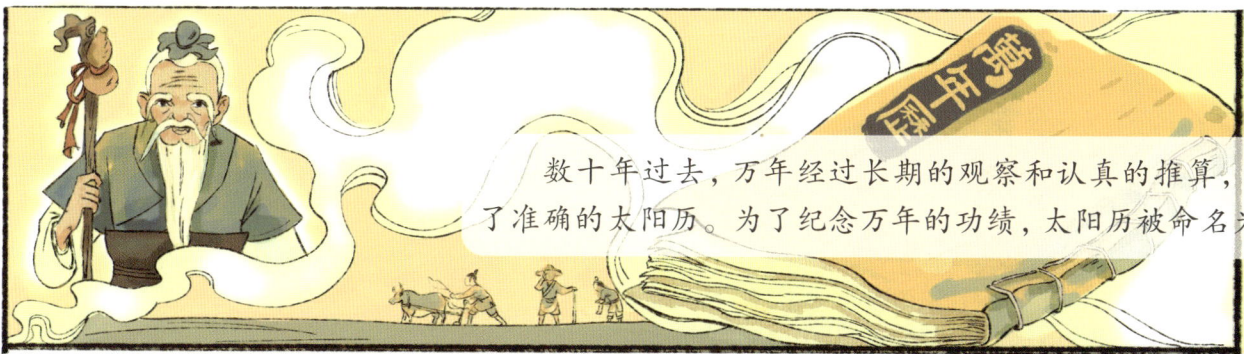

数十年过去，万年经过长期的观察和认真的推算，终于制定出了准确的太阳历。为了纪念万年的功绩，太阳历被命名为万年历。

一元复始元宵节

元宵节

千门开锁万灯明 · 正月十五

正月是农历的元月，古人称"夜"为"宵"，因此把正月十五的第一个月圆之夜称为"元宵节"，有着"一元复始，万象更新"的含义。

早在远古时期，人们手持火把在乡间吆喝、奔跑或舞蹈，驱赶鸟兽、减轻虫害，期望来年获得更好的收成，后来就慢慢形成了燃灯祈福的习俗。从唐代起，元宵张灯成为法定活动，无论宫廷还是乡镇，赏灯活动都十分热闹。在宋代，元宵灯会更是盛极一时，除了花灯，人们还会制作庞大的灯轮、灯树和灯柱等，满城的火树银花，十分绚烂。如今，元宵节仍保留了很多丰富多彩的民俗活动。

元宵节的另一个叫法：上元节

元宵节也叫上元节。古人把天、地、水尊为"三官"，即天官、地官、水官。传说上元节是天官的生日，天官会到人间赐福，人们在这一天要举行盛大的庆典来接福，祈求全年平安。

古诗词里的元宵节

正月十五夜灯

【唐】张祜 (hù)

千门开锁万灯明，正月中旬动帝京。

三百内人连袖舞，一时天上著词声。

译 文

在元宵节晚上，家家户户都会走出家门来到街上，大街小巷灯火通明，热闹非凡，好像整个京城都震动了。宫中歌女、舞姬们一同唱呀跳呀，一时间歌舞乐声、喧闹声直冲云霄。

节日里的习俗

吃元宵

元宵节最具特色的美食非元宵莫属了。雪白的糯米粉包裹着各式香甜的馅料，经过沸水煮熟后，元宵看起来像珍珠一样晶莹滑腻。一家人团团圆圆聚在一起吃元宵，就是元宵节的意义所在。

滚元宵

将事先做好的馅料捏成均匀的圆球状，然后把这些馅料放入簸箩（bǒ luo）里，倒上干糯米粉，摇晃的同时不断加入适量清水，直至馅料均匀地裹上糯米粉，并滚成大小适中的小球。这样，美味的元宵就做好了。

包汤圆

先将糯米粉用水调和成湿粉团，然后取适量的粉团捏成皮，最后把馅料包进去并捏成圆球状。这样，汤圆就做好了。

下面让我们一起来做汤圆吧!

01 取适量的糯米粉,加入温水,和成光滑的糯米面团,然后搓成大小适中的圆球剂子。

和面团

02 把炸过的花生和芝麻碾碎,加入蜂蜜,拌匀备用。

做馅料

03 把剂子捏成碗状,加入馅料,搓成圆球状。

包汤圆

04 起锅烧水,水开之后把包好的汤圆放到锅里,等到汤圆漂浮起来就可以出锅啦!

煮汤圆

元宵节也被称为"灯节"。这一天的街头巷尾彩灯高挂,有描绘着精致图案的华丽宫灯、纱灯等,有狮子、兔子和鱼等动物造型的灯,还有荷花、菊花和牡丹等植物造型的灯,花灯形态各异、五彩缤纷,看得人眼花缭乱!

闹花灯

放天灯

天灯,就是现在所说的孔明灯。相传当年诸葛亮(字孔明)被司马懿(yì)的大军围困,他想了个法子,让部下升起无数的天灯。司马懿误以为诸葛亮坐着天灯逃走了,便带兵朝着天灯飞走的方向追赶,诸葛亮因此得以轻松脱身。于是,后人就把这种天灯称为"孔明灯"。

猜灯谜

猜灯谜又叫打灯谜，人们把谜语写在各色彩灯上，供大家猜想娱乐。灯谜的内容包罗万象，既幽默诙谐又能启迪智慧。人们一边赏灯，一边猜谜，既赏心悦目，又可以增长知识。

小讨论

你哭他也哭，你笑他也笑，脸上脏不脏，看它就知道。猜一日用品，你知道是什么吗？

走百病

俗话说："走一走，不见老。跑一跑，百病少。"正月十六，妇女们穿上好看的衣裳，相约到野外散步。人们认为走得多了，病气就少了，因此叫作"走百病"。不管走到哪里，看到桥就必过，目的是祛病除灾。

漫画小剧场——《神鸟说》

在很久以前，凶禽猛兽频繁出没人类居住的村庄，行凶作恶，破坏房屋，伤害村民和牲畜。

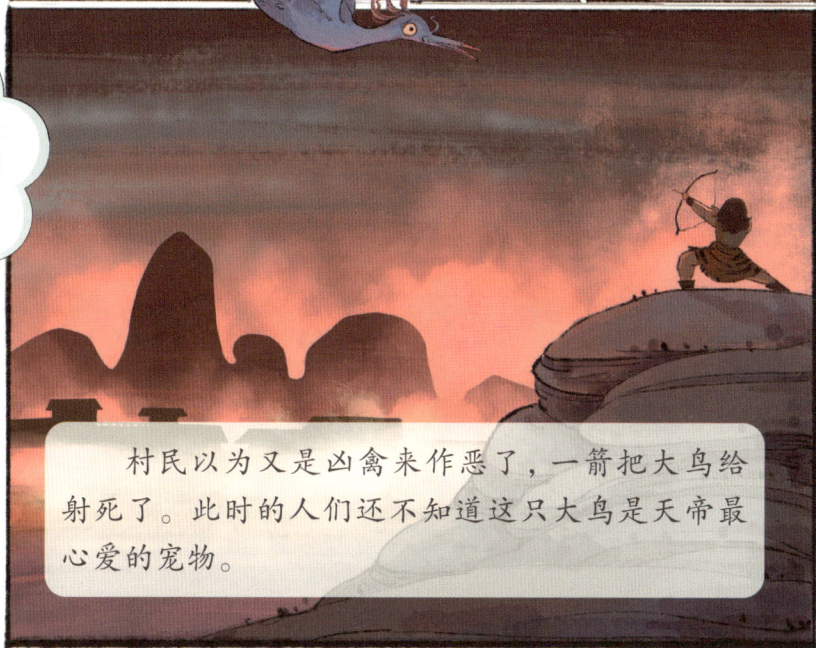

啊！妖怪来了！

不要吃我！

吼！

保卫家园！

保卫家园！

保卫家园！

保卫家园！

保卫家园！

不好了……来了一只大鸟！

别怕，有我在！

这些恶魔不知道又要祸害多少人！

阿爸，我害怕！

村民以为又是凶禽来作恶了，一箭把大鸟给射死了。此时的人们还不知道这只大鸟是天帝最心爱的宠物。

可恶！可恶至极！这是谁干的？

我的宝贝！这是怎么了？

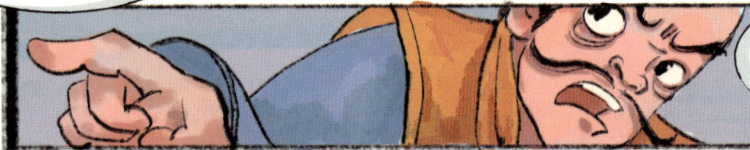

天兵天将，听令……

报！是下界的村民！

坏事了！他们要找村民麻烦！

天帝善良的女儿不忍村民受到责难，偷偷把这个消息告诉了村民，让他们早做打算以躲过此劫。

天帝下令，正月十五这一天要在人间放火。天兵天将正往这里赶来，你们赶紧想办法躲过去！

大家快想想有什么好办法？

能有什么办法呢？

快逃吧！

我倒是有一个主意……

办法？

正月十五这一天的晚上，家家户户都挂起了灯笼，燃放起爆竹和烟火，人间红通通一片，远看像着火了一样。前来执行命令的天兵天将以为是大火燃烧的火光，便回去和天帝复命了。

回去复命吧！

已经烧起来了……

做得好！

报！陛下，人间已经是一片火海了！

从此，每年的正月十五，家家户户都悬挂灯笼、放烟火、点爆竹来纪念这个节日。

龙抬头

龙抬头，好兆头

　　农历二月初二也叫"龙抬头"或春耕节。在伏羲氏时期，伏羲对农桑格外重视，每年的二月初二都要亲自下地耕种，后来的黄帝、唐尧等纷纷效仿他。唐朝时，二月初二是民间"迎富贵"的日子，人们在这一天会吃名为"迎富贵果子"的糕点。到了元朝，二月初二被定为全国性的节日，被称为"龙抬头"，人们用龙的身体部位命名各种吃食，寓意吉祥。

　　"二月二，龙抬头"寓意着新的开始和力量的崛起，在这一天，人们通过祭祀、剃头、舞龙和吃龙食等习俗，表达对自然的敬畏和对美好生活的向往，祈求新的一年风调雨顺、五谷丰登。

古诗词里的龙抬头

二月二日（节选）

【唐】李商隐

二月二日江上行，东风日暖闻吹笙。

花须柳眼各无赖，紫蝶黄蜂俱有情。

译文

二月二日，到江边春游，早春和煦的暖风拂面而来，一同送来的还有远处悠扬动听的笙乐。花蕊如须，柳叶似眼，它们那么俏皮可爱，充满了生机和活力。彩色的蝴蝶和采蜜的黄蜂盘旋飞舞，仿佛都在发出邀请："快来呀，加入我们吧！"

节日里的习俗

祭社神

在二月初二祭拜的是谁呢？是社神，即传说中掌管五谷生长和地方平安的小神仙，也就是传说中的土地公公。二月初二是土地公公的生辰，也是一年耕种的开始，人们会准备一些香火和各种吃食供奉土地公公，期望土地公公保佑农作物丰收。祭社神寄托着庄稼人希望风调雨顺、五谷丰登的朴素愿望。

吃龙头

吃龙头是指吃猪头肉。为什么常见的猪头能象征万灵之首的龙头呢？原来"六畜兴旺"中的六畜指的是猪、牛、羊、马、鸡和狗，猪作为六畜之首，猪头可以替代龙头成为祭祀的首选，也被称为"长寿头"。

吃龙食

传说中龙司掌行云布雨，雨水的多少直接关系着一年庄稼收成的丰歉。为了表达对龙神的敬仰和喜爱，在二月二这一天，人们不仅会围绕龙神开展各种风俗活动，还会将一些吃食冠以"龙"字，比如面条叫"龙须面"，水饺叫"龙耳"，米饭叫"龙子"，面饼烙成龙鳞的形状，叫"龙鳞饼"，面条和馄饨一起煮叫"龙拿珠"。

熏虫

二月初二在惊蛰前后，这时候天气慢慢回暖，百虫开始萌动，有些昆虫对庄稼和人的身体都有害。为了预防害虫的侵扰，人们会在这一天燃烧熏香，熏遍墙缝、屋角等地方。有的人会摊香喷喷的煎饼，一边享用美食，一边借烟气熏走害虫，一举两得。这种油煎饼也叫"熏虫"。

剃龙头

"二月初二龙抬头，大人小孩都剃头，新年更上一层楼。"古时民间流传着正月里不能理发的说法，到了二月初二，大人和小孩都纷纷去修剪头发，美其名曰"剃龙头"，寓意讨个好兆头，从头开始新一年的工作和学习。

动动手

下面让我们一起来做一条漂亮的龙尾吧！

01 准备一些彩色纸张和闲置吸管，以及剪刀和细棉绳。

02 把吸管剪成3~4cm的小段，把彩纸剪成鸡蛋大小的圆形或椭圆形。

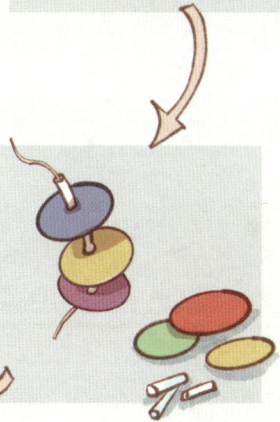

03 一张小纸片隔一段吸管，用细棉绳串起来。

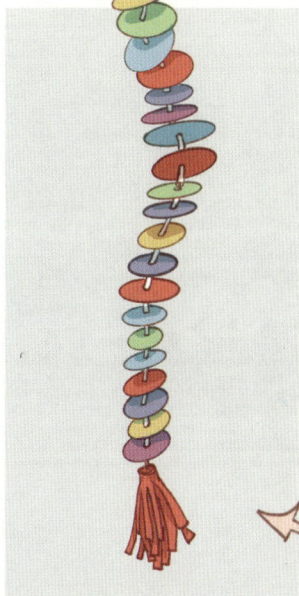

04 用彩纸做一个流苏，系在龙尾的末端，一条漂亮的龙尾就做好啦！

穿龙尾

在二月初二到来前，人们把零碎布头剪成小圆片，把秸秆剪成寸段，然后用针线将它们缝起来，尾部用五彩布条做成穗子，做好后缝在小孩的帽子或衣服上，这就是穿龙尾。人们认为穿上龙尾的小孩会健康成长，充满活力。同时，人们也会把做好的龙尾挂在房间里。

漫画小剧场——《金豆开花》

传说很久以前，有一个地方的国君沉迷享乐，不敬天地、不敬神。日久天长，祭台越来越破败。

据说国君不设祭台已三年有余……

报！天帝下令不得下雨！

岂有此理！

呃……所为何事？

众将士听令，即日起，三年内只布云，不下雨！

得令！

老天爷，请赐一点雨吧！

这个地方连年干旱，河流干涸，树木枯萎，庄稼颗粒无收。可怜的百姓处于水深火热中，苦不堪言……

青龙偷偷降雨的事情还是被天帝知道了，可是金豆怎么会开花呢？百姓十分悲痛却又无计可施。

金黄色的玉米粒看上去就像一粒粒金豆！

玉米爆米花！金豆开花！我有办法了！

我们要多做一些爆米花！

越多越好！

新鲜出炉喽！

陛下，金豆真的开花了，民间金灿灿一片！

真有此事？

老人把这些爆米花摆放在庭院中，希望天帝能看到。人们纷纷效仿老人的做法，一时间，家家户户的庭院都开满了"金色的小花"。

传令，赦青龙无罪！即日起，返回凌霄殿！

二月二，龙抬头，大仓满，小仓流。

儿子，咱们吃龙食去！

龙抬头，吃炒豆，理新头。

哇，看大青龙！

青龙冲破山石，昂起龙头，腾空而起，布云施雨，润泽万物，天地间一片祥和。这一天正好是二月初二。

赏花良辰花朝节

花朝节

秦味芸《月令粹编》卷五引《陶朱公书》："二月十二日为百花生日。无雨，百花熟。"二月十二日为百花生日，故称此日为花朝节，也叫花神节。各地的花期不同，所以花朝节的时间也略有不同，一般在春分前后。

在古代，农耕全靠人力，因此子孙后代越多，生产力就越强盛。花属于被子植物，拥有强大的繁殖能力，所以人们通过庆祝百花的生日来祈求人丁兴旺，表达对强大生命力的崇拜。如今，花朝节虽已逐渐淡出人们的视野，但随着传统文化慢慢地被重视，越来越多的人趁着春光正好，出门踏青寻春。

古诗词里的花朝节

咏花朝

【清】蔡云

百花生日是良辰，未到花朝一半春。

万紫千红披锦绣，尚劳点缀贺花神。

译文

百花生日真是个美好的日子，虽然花朝节还未到，但春天的气息已经弥漫了大半。万紫千红的花朵如同披上了锦绣的衣裳，人们忙碌地装点和庆贺，以此向花神表达敬意。

节日里的习俗

踏青赏红

在花朝节这一天，人们趁着春光明媚，三五成群，郊游踏青，挑挑野菜，赏赏花，吃吃花糕。年轻的姑娘们用彩色布帛做成绢花，簪（zān）于发间，把五色彩纸粘在花枝上或把五彩绸带悬系在花枝上，装点枝头，这就叫作"赏红"。

祭花神

花神是民间信仰的百花之神。花朝节之际，人们相约来到花神庙祭祀花神，或是在花树下行礼祭拜，或是在树上悬挂花神灯，祈求花神保佑草木繁盛、花果满枝、庄稼长势喜人。

花神灯

花神灯外形像撑开的伞，所以又叫"凉伞灯"。古时花朝节的活动从白天一直持续到入夜。夜间，人们盛装打扮，提着精巧的花神灯聚在花神庙举行盛会，锣鼓声声，笙箫阵阵，灯光璀璨，热闹非凡。

游春扑蝶

在花朝节之际，各式各样的鲜花或含苞或盛开，处处花团锦簇，花香扑鼻，引得彩蝶翩翩起舞。人们赏花寻春，以扑蝶为乐，因此"扑蝶会"应运而生。在扑蝶会上，彩蝶上下翩飞，姑娘们在花丛中穿梭奔走，笑语连连。

行花令

行花令就是行飞花令，是古时文人雅士饮酒时助兴的一种文字游戏。行令者可以选用诗、词、曲中的句子，也可以自作诗句，但一般不超过七个字。作不出、背不出诗或是背错了的就要被罚酒。

种花挑菜

在花朝节期间，大地回暖，花农们忙着翻土、播种，期待收获满园芳菲。寻常人家也会应景地在屋前种上一两株花苗，为平凡的生活增添一些期待。此时，野外随处可见鲜嫩茂盛的野菜，如白蒿（hāo）、荠（jì）菜等。人们一边游春赏景，一边挖野菜，花朝节也便成为"挑菜节"。

晒种祈丰

传说花神掌管着百花及庄稼的生长，所以祭祀花神的不仅有花农，还有庄稼人。在花朝节，人们把各种农作物的种子晾晒在院子里，要是刚好碰上大晴天，就预示来年百物丰熟，是个好兆头。

簪花

古人除了种花、赏花，还喜欢簪花。姑娘们挑上一朵或几朵新摘的花儿簪在发髻（jì），一时间分不清楚是花更美，还是人更俏。在古代，簪花并非女子专属，男子也喜欢簪花，尤其在宋代，男子簪花的风气十分流行。

隔屋掷筐

在农耕社会，丰收是永恒的主题。在湖北某些种棉地区，人们会站在屋里把箩筐往屋外或墙外一扔，如果箩筐口朝上，就预示棉花大丰收，反之则预示棉花歉收。

吃花糕

花朝节百花盛放，是吃花的好时节。人们将采集的鲜花花瓣和米一起捣碎，蒸制成软糯鲜香的百花米糕，既可以用来祭拜花神，又可以和亲朋好友一起享用。相传女皇武则天不但喜欢花，还喜欢吃花。在花朝节，她经常让宫女采集各种鲜花，用以制作各式糕点，不但自己食用，还赏赐给百官食用。

百花粥与百花酒

拜完花神，赏完花，采摘一些可食用的新鲜花瓣，与香米一起熬成香甜的百花粥，在略带寒意的早春喝上一碗，暖心又暖胃。还可以将没用完的花瓣酿制成香醇的百花美酒，来年约上好友一同赏花饮酒，实在是美事一桩。

美丽的花神

花神是民间信奉的百花之神。传说中的花神有两位，一位是掌管百花的神仙女夷，一位是擅长种花的女子花姑。

女夷

传说女夷是主宰万物生长的神仙，她喜欢击鼓而歌，所经之处春和景明，百谷生长，禽鸟繁衍，草木茂盛，百花齐放，天地万物都会因她的到来而动容。

花姑

在神话故事里，花姑是一个美丽的女子，她擅长种花。传说花姑十分擅长种棉花，经她之手种出的棉花又大、又白、又软，织出的布柔软舒服。

十二花神

十二花神是根据社会风俗和岁时花信的自然规律，以十二种花代表十二个月令而成，十二月令花有各自相对应的司花神。这些月令花与司花神的说法不尽相同，各有特色。

梅花花神 一月

杏花花神 二月

桃花花神 三月

牡丹花神 四月

石榴花花神 五月

荷花花神 六月

七月　玉簪花花神

八月　桂花花神

九月　菊花花神

十月　兰花花神

十一月　山茶花花神

十二月　水仙花花神

漫画小剧场——《灌园叟晚逢仙女》

从前有个老翁姓秋名先，人称秋翁，自号灌园叟（sǒu）。秋翁爱花如命，有时候甚至典衣买花。久而久之，灌园叟的花园越来越大，花草也越来越多。

秋翁，又得什么好花了？

我不是秋翁，我是灌园叟！

用这鹅蛋换你园中的花可好？

那花可真少见！能遇到全靠缘分！

冬袍一件！收！

很快，这件事传到恶霸的耳朵里，他十分恼怒，一计不成又生一计，以"妖术惑众"为借口向糊涂的县太爷状告灌园叟。

老人家，为什么哭得这么伤心？

恶霸把我的花儿都砸了，花园也被砸得不成样子，多好的花儿啊……

老人家，你莫着急，我自有办法让你的花儿重回枝头，你且去提一桶清水来。

这老头一定是用了什么妖术，可恶！一定要教训教训他！

真的吗？真的能恢复原样吗？

怕不是遇到仙女了，太神奇了！

什么？竟有此事？

秋老头会妖术，我亲眼所见，大人一定要明察秋毫，把他抓起来，为民除害！

等灌园叟取来了水，女子早已不见踪影，而原本趴在地上的落花残叶此时好端端地长在枝头，花开得好像比先前更艳丽了。

我得帮帮灌园叟，让那帮恶霸受到应有的惩罚。

喝……继续喝!

多好看的花儿啊,还有阵阵清香……

这花墙真好看!

好人有好报!

是呀,真美!

青天大老爷,冤枉!我是冤枉的啊……

救命!

救命!

见灌园叟入狱,恶霸一行人便到灌园叟的花园里设席饮酒、赏花作乐,正得意忘形之际,忽然一阵大风,天边飞来一群美丽的女子,她们宽大的衣袖轻轻一甩,几个恶霸便腾空飞起,甩出去老远……

哗

秋翁,恭喜你被释放出来了!

谢谢大家,过几天请你们来小园里赏花啊!

春天的盛会

在古代，根据天干地支纪年法，三月上旬的第一个巳（sì）日为"上巳"，后来人们把上巳节的时间固定在每年的农历三月初三。在上巳节，人们会前往庙宇祈福，献上美食和祭品，表达对神灵的敬意。

上巳节不仅是古时重要的春浴日，也是春天的盛会。其最早的活动就是在水边举行祓禊（fú xì）仪式，人们通过祭祀和仪式来净化心灵，驱除邪恶。后来民间崇尚自然、寄情山水的风气盛行，人们更喜欢呼朋唤友，携儿带女，踏歌而行，到水边宴饮游乐，迎春赏游的意味愈发浓厚。

上巳节

寻春直须三月三·

三月初三

古诗词里的上巳节

上巳

【唐】崔颢（hào）

巳日帝城春，倾都祓禊晨。停车须傍水，奏乐要惊尘。

弱柳障行骑，浮桥拥看人。犹言日尚早，更向九龙津。

译文

上巳节的清晨，帝城正在进行一场春天的狂欢，满城的人们驾车来到水边举行祓禊仪式。水边停满了马车，奏乐的声音简直要惊起路上的尘土。摇摆的柳枝阻碍着行人，桥上也挤满了看风景的人。如此热闹，有些人觉得还不够尽兴，又浩浩荡荡地向着下一个地方出发。

节日里的习俗

袚禊畔浴

　　袚禊是一种在水边祈福的习俗，人们在水边用兰草清洗身体或是用柳枝蘸花瓣水点洒在头部和身上。畔浴就是去水边沐浴、泡温泉。古人认为通过这种方式，灾厄与病痛就会随着水流而去。

祭祀高禖 (méi)

　　传说高禖是掌管婚姻和生育的神，也叫郊禖，因人们将其供奉在郊外而得名。在古时，每逢上巳节，人们会献上猪、牛、羊，并跳舞来祭祀高禖，希望求得心仪的配偶和更多的子女，因此上巳节也是古时的求偶节和生育节。

曲水流觞 (shāng)

在举行祓禊仪式后，一般会进行"曲水流觞"的活动。人们会在风景优美、流水蜿蜒的地方席地而坐，然后把盛有酒的羽觞放在流水上，杯子顺流漂下，停在谁的面前，谁就要将杯中的酒一饮而尽。古人认为这样做可以消除灾祸。

觞

觞就是羽觞，是古代一种盛酒的器皿。觞的杯身两侧有两个半月形的杯耳，看起来像鸟的翅膀，因而得名羽觞。木质的羽觞可以浮于水上，而玉质和金属的羽觞则需要借助荷叶、托盘等物品的浮力才能浮在水面上。

郊外游春

农历三月初三，草长莺飞，万物萌动，连空气都是醉人的。年轻的男女们相约到郊外河畔游乐，美其名曰踏青赏春，实则为恋爱提供了契机。若遇到心仪之人，便相赠芍药以表达爱慕之情。

女儿节

古代的女子订婚后或是年满十五岁就要改变孩童时的发式，将长发梳成发髻（jì），并簪上簪子。这种专门为女子举办的成人礼叫笄（jī）礼，一般在三月初三举行，因此上巳节也叫女儿节。

互赠香草

香草，并非特指某一种植物，而是对艾草、泽兰这一类带有芳香的植物的统称。古时的人们认为香草是一种高雅而美丽的东西，佩戴香草能祛邪避害。互有好感的青年男女可以互赠香草，将其作为定情之约。

射雁司蚕

射雁是一种弋（yì）射活动。弋射的目的是捕获而非射杀。猎手们事先在箭镞（zú）上绑上丝线，射中野雁后，顺着丝线找到并拿回猎物。这种雁常被作为礼物馈赠，在当时是一种风尚。此外，在江南的三月份，桑叶新出，养蚕的人们开始忙碌起来，采集嫩绿的桑叶喂养幼蚕。

荠（jì）菜煮鸡蛋

在上巳节，人们用荠菜花和鸡蛋一起煮着吃，将其叫作"上巳菜"。人们认为在上巳节吃上巳菜可以祛除体内积攒了一个冬天的寒气。

壮族歌圩(xū)节

每逢三月三，壮族人民通过对歌的形式来庆祝节日，求爱择偶，所以三月三又叫"歌圩节"。在这一天，小伙子携着礼物，姑娘们揣着五色绣球，身穿节日盛装。若姑娘相中了某个小伙子，就把手中绣球抛向意中人，如果对方刚好也中意，就会把礼物绑在绣球上，掷回给女方。

五色饭

人们用植物将糯米染成各种颜色，然后制作成彩色的糯米饭，糯米饭一般有黑、红、黄、白、紫五种颜色，象征着五谷丰登。五色饭颜色鲜艳，既有糯米的软糯，又有植物的清香，是一道富有民族特色的美食。

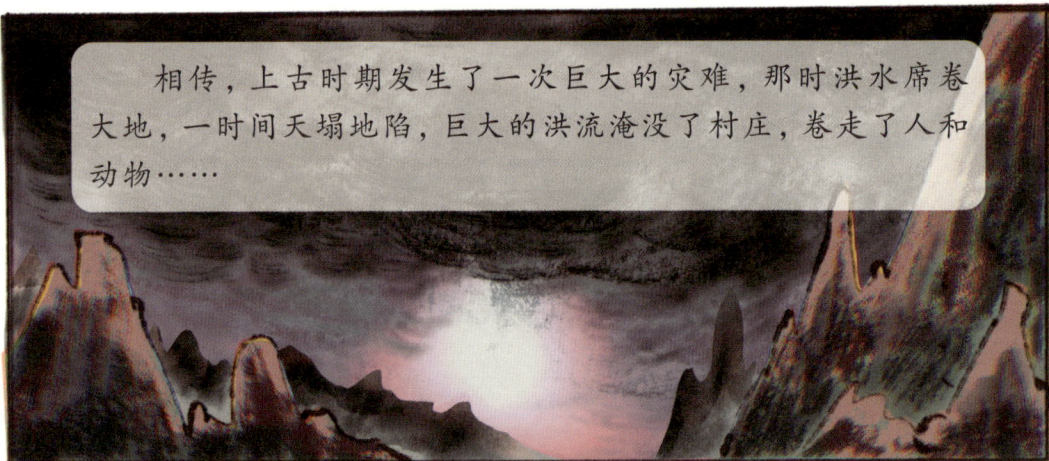

洪水终于退了！

只剩我们两个人了。

我愿意！

愿意！

女娲，伏羲，你们愿意结为夫妻吗？

人类的繁衍就靠你们俩了！

为了人类血脉的延续，伏羲和女娲在石龟的撮合下结为夫妻。

等我们以后有了孩子，我就教他们结网、捕鱼……还有狩猎，统统教给他们！

好！

结网、狩猎都需要很多人，光靠我们俩远远不够。

洪水过后，整个世界一片颓败、寂寥。在石龟的庇护下，伏羲和女娲保住了性命。

我们需要更多的人，得想个法子创造更多的人才行！

于是女娲仿照自己的样子抟（tuán）土造人，伏羲则教人们结网捕鱼，围猎畜牧。

在伏羲和女娲的共同努力下，世界恢复了往日的繁荣。为了纪念他们为人类的繁衍和发展做出的贡献，人们把三月三，即伏羲和女娲成婚的这一天定为上巳节。

后来女娲用黄泥捏了好多人和动物……

伏羲把一身的本领都教给了大家。

女娲好厉害！

伏羲也好厉害！

后来呀，人多了，就有了村庄，有了集市，有了你们现在看到的很多东西。

三月三，泡温泉，快活赛神仙！

今日曲水宴饮，我给大家抚琴一曲，助助兴！

听说郊外的青山绿水正妙！

愿我能得一知心人！

春色正好！

保佑我……

等你到了十五岁就可以了！

阿娘，我什么时候能和阿姐一样？

清明好时节

清明既是节气，又是节日，与春节、中秋节和端午节并称我国四大传统节日。清明节不仅是人们扫墓祭祖、追思先人的日子，也是踏青游玩、亲近自然的日子。

最初，清明不是节日，只是一个提醒农民进行春耕、春种的节气。秦汉时期，人们十分重视祭祀祖先。魏晋南北朝时期，寒食节是人们喜欢的传统节日，此时清明节尚未形成。到了唐代，由于清明节气和寒食节相距很近，民间把寒食节与清明节气的习俗融合到一起。后来，清明节逐渐取代寒食节的地位，将寒食节风俗与踏青等活动相结合，形成一个以祭祖扫墓为主要活动的传统节日。

清明节

乍疏雨、洗清明

古诗词里的清明节

木兰花慢·拆桐花烂漫（节选）

【宋】柳永

拆桐花烂漫，乍疏雨、洗清明。正艳杏烧林，缃桃绣野，芳景如屏。倾城。尽

寻胜去，骤雕鞍绀幰(gàn xiǎn)出郊坰(jiōng)。风暖繁弦脆管，万家竞奏新声。

译文

绚丽的拆桐花开得无比烂漫，刚下过一场小雨，郊外的空气如同洗过一样，明朗清新。那红杏林远远看上去像燃烧的火焰，热烈而明艳。浅红色的缃桃花点缀着郊野，美得就像一幅画。人们倾城而出，骑着骏马，赶着马车，呼朋唤友，浩浩荡荡地奔赴远郊。暖风送来阵阵乐声，千家万户竞相奏起令人沉醉的乐曲。

节日里的习俗

放风筝

古时人们把丝条和竹笛绑在风筝上，风一吹就呼呼作响，如筝鸣，因此得名风筝。在清明节，人们制作各式各样的风筝，把烦恼写在上面，等风筝飞到一定高度后剪断丝线，任凭清风把风筝带走，寓意带走烦恼。

植树

"植树造林，莫过清明。"清明时节，天气回暖，此时种下的树苗极易成活。据说清明节植树和祭祖有关，古时的坟墓大多在野外，很容易被杂草覆盖，于是人们就在坟头或是坟墓周围种植松柏作为记号，便于寻找。

小讨论

大家知道植树节是几月几日吗？可以尝试和家人们一起种下一棵小树苗，为大自然添上一点绿哦！

荡秋千

上古时代，人们想要获得食物并不容易，尤其是那些长在高处的野果和跑得飞快的野兽，够也够不着，抓也抓不住。于是古人便依靠藤条的摇荡来攀爬高大的树木或是跨越河流，大大增加了获得食物的机会。后来，荡秋千逐渐演变为一项民俗娱乐活动。

蹴鞠（cù jū）

蹴鞠，又名蹋（tà）鞠、蹴球，是指古人用脚蹴、蹋、踢皮球的活动。"鞠"就是外包皮革、内里填充米糠的球，与今天的足球很像。蹴鞠是一项古老的运动，在汉代，兵家甚至将蹴鞠作为操练兵士的训练项目。

插柳枝

在清明节，人们会在门前、屋后和路旁等地插上柳枝。柳枝有着强大的繁殖能力，被古人称为"鬼怖（bù）木"。人们认为在清明节将柳枝插在门头上，百鬼不入家，还可以避虫害。

射柳

射柳是一项练习射箭技巧的游戏，也是清明节的古老习俗之一。古人将鸽子放在葫芦里，再把葫芦挂在高高的柳树上。射手射中葫芦后，鸽子飞出，谁的鸽子飞得高，谁就胜出。

吃青团

清明节，人们将清明草、艾叶和浆麦草等野菜捣碎，取其翠绿的汁液与糯米粉揉成粉团，包上豆沙、枣泥等馅料，上锅蒸熟，制成青团。青团碧青油绿，软糯可口，带有植物的清香，十分美味。青团在古代是清明节祭祀祖先的祭品，也是寒食节期间用作充饥的食物。

寒食节

寒食节在清明节前一两天，其间民间禁烟火、吃寒食，所以寒食节也叫禁烟节、冷节等。因为寒食节与清明节相距很近，所以后来两个节日逐渐合二为一。

吃馓子

馓子是一种油炸的细条状面食，在寒食节期间，人们就靠吃这些节前炸好的馓子度过不能生火做饭的日子。现如今禁火寒食的风俗已不再流行，但酥脆美味的馓子仍然深受人们的喜爱。

漫画小剧场——《介子推》

相传在春秋时期，晋公子重耳因骊（lí）姬（jī）之乱，不得已带着亲信离开都城，四处逃命。

今日我踏上逃亡之路，不知道他日还能不能回到晋国……

我实在是饿得走不动路了……

公子，我们已经没有食物了。

公子，我们得赶紧赶路了，否则追兵就要追上来了！

我已经三天没吃东西了……

公子，今天运气好，有肉糜（mí）汤……

今日大恩，我无以为报……

在路途中，重耳得了重病，奄奄一息。这时忠臣介子推割下股肉，熬成肉糜汤让重耳喝下，重耳得以保命。

多年后，重耳重新回到晋国并做了国君（即历史上的晋文公）。晋文公对曾经同甘共苦的臣子大加封赏，可唯独忘了介子推。

陛下，当年追随陛下的有功之臣理应按功行赏！

娘，尝尝这个鲜笋，今年头茬……

儿呀，你也多吃点！

使官命人放火烧山，小动物纷纷从没放火的那一面跑出来了，唯独不见介子推和他的老母亲。大火足足烧了三天三夜……

寡人有愧于介子推啊……

大火过后，人们发现介子推和他的老母亲已经被烧死在一棵柳树下。晋文公命人把他们安葬在那棵烧焦的柳树下，为纪念介子推，将这一天定为寒食节。

第二年，晋文公带领群臣祭奠介子推，发现那棵被烧过的柳树冒出了新芽。于是晋文公把这棵复活的柳树赐名为"清明柳"，又把寒食节的后一天定为清明节。

啦啦啦……一场雨来一场风……

三月里来是清明……

自此，每逢清明节，人们把柳条编成圈儿戴在头上，把柳条插在屋前，以示怀念。

古老的节日

端午节，为农历五月初五，也叫端阳节、龙舟节。端午节是一个历史悠久的节日，先秦时期，五月初五就作为节日出现，古人以龙舟竞渡的方式庆祝"龙"的节日。在战国和两汉时期，人们认为五月初五是恶月恶日，沐兰汤则可以祛厄。魏晋南北朝时期，社会动荡，战乱频发，人们开始在手腕上缠上五色线，祈求平安。隋唐时期，节日风俗活动越来越娱乐化，龙舟竞渡尤为盛行。人们悬挂菖蒲（chāng pú）、艾草，洗草药水，喝雄黄酒，佩戴五色线和香囊，希望预防疫病，也希望自己和家人都能健康。

端午节

五色新丝缠角粽·

五月初五

古诗词里的端午节

渔家傲·五月榴花妖艳烘

【宋】欧阳修

五月榴花妖艳烘。绿杨带雨垂垂重。五色新
丝缠角粽。金盘送。生绡画扇盘双凤。

正是浴兰时节动。菖蒲酒美清尊共。叶里黄
骊时一弄。犹瞢忪。等闲惊破纱窗梦。

五月的石榴花开得像火一样红艳热烈。被雨浸润过的杨柳枝叶低低地垂着。人们用五彩的丝线绑着多角的粽子，煮熟后放入镀金的盘子里送给闺中女子。女子手中生丝制成的画扇上盘着两只凤凰。这一天正是端午节，人们沐浴祛除秽气，欢聚一堂，共饮菖蒲酒，驱邪避灾。不知道是不是窗外黄鹂的鸣唱声，惊扰到了纱窗后睡眼惺忪的女子的美梦。

节日里的习俗

饮雄黄酒

"饮了雄黄酒，疾病都远走。"在蚊虫肆虐的季节，古人会在平日喝的酒中加入少量的雄黄，以达到止痒祛毒的效果。小孩不能喝酒，大人们就用手蘸着雄黄酒抹在他们的手心、耳朵或鼻子上，还会在他们的额头上写下"王"字，以避免虫咬。

洗草药水

洗草药水有一个十分雅致的名字——沐兰汤。仲夏端午阳气正盛，万物生长，一年中草药的药性最强，同时虫子繁殖迅速。古人会到野外采集菖蒲、艾草等各种香草，起锅煮水，用这些草药水泡脚或是擦洗身体。

吃粽子

粽子是一种民俗美食，用竹叶或苇叶等把糯米包住，扎成三角锥体或其他形状，煮熟后食用。根据馅料的不同，可以将粽子分为甜粽子和咸粽子。还有一种不放馅料的白粽，吃的时候蘸些白糖或是蜂蜜，也别有一番风味。

拴五色丝线和佩戴香囊

用红、青、黄、白和黑五色粗丝线编成彩色线绳，农历五月初五系在小孩的手腕或脖子上，等到端午节后的第一个雨天，把五色丝线剪下来扔在雨中，丝线随之飘走，寓意带来一年的好运。此外，人们还会用丝布缝制成各种精巧的布囊，然后填充香料，用五色丝线把香囊串起来，小孩佩戴在领口，大人们则别在腰间。

动动手

下面让我们一起来做一个精致的香囊吧。准备一些针线、干艾草、两根棉绳和一块长方形的花布。

01 把花布正面朝上，对折。

02 沿着虚线用针线把两边缝合起来，距离开口处留一个手指的宽度不缝合。

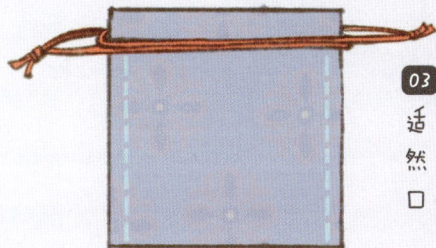

03 将两根棉绳取适当长度并打结，然后将其套在开口处。

04 把开口处一面的布边翻折下来进行缝合。注意不要缝到棉绳。

05 把另一面的布边也翻折下来进行缝合。

06 保证棉绳能顺利抽动，然后把缝好的香囊翻转过来。

07 把干艾草装进香囊里，抽紧棉绳，一个清香四溢的香囊就做好了。

跳钟馗（kuí）

相传，钟馗是民间专门打鬼祛邪的俗神。古时，人们在端午节会进行跳钟馗的民俗表演，也叫闹钟馗、嬉钟馗等，就是把钟馗的木偶架在肩上或是扮演成钟馗的样子，在村里或在街上巡游戏耍，祈求消灾降福。

避五毒

五毒都有什么？有蝎子、蛇、蜈蚣、壁虎和蟾蜍（chán chú）。要是不小心被这些动物咬到，严重的情况下可能危及生命。端午节正值仲夏，五毒大量繁殖，时常出没伤人，因此五月五日也被认为是"毒日""恶日"。古人会在屋里挂五毒图，然后用五根针分别刺在五毒的身上，代表着毒物被刺死，再也不能横行了。

赛龙舟

赛龙舟是一项充满力量的水上竞技运动。在龙舟赛快开始的时候，参赛的龙舟整装待发，锣鼓喧天，等信号发出，多条龙舟如同离弦的箭飞快地冲出去，场面十分壮观。河岸彩旗飘飘，观众呐喊助威，十分鼓舞人心，热闹非凡。

龙舟节

龙舟节起源于古代百越族龙图腾祭祀活动。百越族人信仰龙神，以龙为图腾，每年在水上举行龙舟竞渡来祭龙祖，还会把粽子作为贡品投入水中。他们在阵阵击鼓声中划着"龙船"，争相竞渡，因此五月初五也被称为"龙舟节"。

斗草

斗草是一种由采草药演变而来的民间小游戏。以前的人们习惯在端午节去郊外采集药草，收获药草之余，还要找一些奇花异草进行比赛，谁的更新奇或是品种更多，谁就胜出；或是挑选一些柔韧性好的长叶子，用叶子相勾，捏住两头叶柄相互牵拽，谁的叶子先断，谁就输。

楚国的大臣屈原十分正直，他经常上谏劝说楚王要广纳贤人，亲贤远佞（nìng），励精图治，为此得罪了不少人。小人们在楚王面前说屈原的坏话，楚王听信谗言，将屈原革职，流放到南方的荒僻地区。

陛下，重用有德才的贤士，国家才有希望啊！

陛下，修法度，施新政，国家才能更强大！

秦国有阴谋啊！不可轻信！

陛下三思呐！

长此以往，国将不国啊！陛下……陛下！

来人，把这个聒噪的家伙拖出去！

看你还天天说我们的坏话！

不好了！屈原投江了！

我们所有船只都出动了，找了三天三夜，什么也没找到！

听说雄黄酒可以驱赶鱼虾！

对，鱼虾吃饱了就……

再往江里投点粽子！

也好，这样鱼虾就不会去啃食屈原了！

粽子

端午特供

甜粽

香肉粽

咸粽子和甜粽子，你喜欢哪一种？

我都要！

后来，人们为了纪念屈原，每年在屈原投江的这一天把做好的粽子投入江中，还举行龙舟竞渡的活动。

洗晒节

洗晒的好时节

相传每年的六月初六，连龙王都要晒晒自己的龙鳞，人们自然也要把家里的衣物拿出来晒一晒，这既是为了借阳光杀菌除霉，也是为了沾沾龙王的祥瑞之气，同时祈求天气晴好，让农作物能够吸收足够的阳光，茁壮成长。

农历六月初六也被称为"天贶（kuàng）节""翻经节""姑姑节"等，这一天，民间除了洗晒，还有祭神、制造酒曲等丰富多样的民俗活动。

传说六月初六是大禹的生日，人们感念大禹的功绩，每年这个时候都要备上贡品祭祀大禹。人们通过祭祀来祈求农作物的丰收，既是对天地的敬仰和感恩，又寄托着对幸福生活的期盼。

古诗词里的洗晒节

六月六日晒书诗

【清】潘平隽

三伏乘朝爽，闲庭散旧编。

如游千载上，与结半生缘。

读喜年非耋^{dié}，题惊岁又迁。

呼儿勤检点，家世只青毡^{zhān}。

译文

三伏天，趁着早晨还算凉爽，把家中珍藏的书画搬到院子里，一卷卷散开晾晒。仔细翻一翻书卷，在这万千书海里畅游一番，仿佛与古人结了半生的缘分。看书时觉得自己还年轻，但看到题字才惊觉时光的流逝。我连忙呼唤孩子们一起晒书，同时也告诫孩子们要勤俭节约，虽是清贫之家，也要珍惜时光，勤学苦读啊！

节日里的习俗

晾晒

有俗语道:"六月六,家家晒红绿(各色的衣物)。"三伏天,热如煮物,很多东西都极容易发霉、腐烂。人们趁着晴天纷纷把家里的衣服、被褥或书画等拿到太阳下晾晒,以防霉烂和虫蛀。

晒秋

农历六月,收割回来的粮食需要找地方晾晒。在南方的一些山区,地势崎岖复杂,平地极少,人们便利用房前、屋后或屋顶的平台晾晒农作物,久而久之就演变成一种传统的农俗现象。

晒经书

传说唐僧西天取经的归途中,遇到了罕见的大风浪,船只被打翻,经书也被浸湿,唐僧把经书一一平铺在石头上晾晒,才使这些经书得以传世。晾晒的这一天恰巧是六月初六,于是后世的寺庙僧人都要在这一天将经书拿出来翻晒,一来表达对佛祖的敬意,二来也是防止虫蛀。

看谷秀

农历六月正是庄稼吐须秀穗、长势旺盛的时节。庄稼长势的好坏，能否取得丰收，有经验的庄稼人一看抽穗、结穗的情况，就能知道个八九不离十。六月初六在古人观念中是个吉祥的日子，人们此时会到田间查看谷物的生长情况，饱含着对丰收的希冀。

祭虫王

在古时，虫王是民间信仰的驱灭害虫、呵护庄稼的保护神。在农历六月初六，农家会杀猪宰鹅，祭祀虫王，祈求不降虫灾、勿害庄稼、风调雨顺、五谷丰登。

伏羊节

俗话说："伏羊一碗汤，不用神医开药方。"所谓"伏羊"，是指入伏后的羊肉。在炎热的夏天，食用羊肉可以帮助人们排汗、排毒，从而排出体内积热，对健康有益。

尝新节

六月初六也叫尝新节、吃新节。农历六月初六，人们从田中摘取少许即将成熟的稻穗，搓出米粒，蒸成米饭，而有些地方则会把新麦制成麦糕、麦饼或花卷等各式各样的麦食。先供奉天地神灵和祖先，然后按家中的长幼次序品尝新粮，这就叫尝新，实际上也是一种提前庆祝丰收的仪式。

天贶节

相传某年的六月初六，宋真宗宣称上天给他恩赐了一本天书，为了答谢上天的恩赐，要举行告祭大礼，官员放假一天，万民同庆，并钦定这一天为"天贶节"，天贶就是天赐的意思。随着时间的推移，"天贶节"的含义逐渐被人们遗忘。

洗象日

在明清时期，六月初六是法定的"洗象日"。古代，大象是皇帝朝会、祭祀或出巡中不可或缺的仪仗队成员。在六月初六这一天，象奴和驯象师举着旗、敲着鼓，引着大象到河里洗澡，人们也争相围观。

姑姑节

"六月六，请姑姑。"夏粮已经收完，趁着空闲，各家邀请出嫁的姑娘回娘家歇夏。出嫁的姑娘则用新打的小麦面粉做成角子馍，再带些新鲜的肉，高高兴兴地回娘家，告诉娘家今年自家获得了丰收，日子过得富足。娘家也会做丰盛的饭菜宴请回家的姑娘和女婿，因而六月初六又叫"姑姑节"。

吃晒蛋

"六月六、晒蛋熟"，赤日炎炎似火烧。人们在鸡蛋上写上家人的名字，写名字之前还要让家人对着鸡蛋哈一口气，然后把鸡蛋放到盛有米的碗里，拿到太阳底下去暴晒。到了晚上，把这些鸡蛋煮熟，按名字分发到家人手中。人们认为吃了这些哈了气、写着名字的晒蛋，就会有好记性和好运气。

漫画小剧场——《六月六祭天王》

相传很久以前,龙王的外孙女、月神的第六个女儿月亮公主爱上了寨子里勤劳勇敢的六六。月亮公主留在人间与六六结为夫妻。次年,月亮公主顺利生下一个男孩,取名天王。

六六勤劳又可靠!

真是个神奇的孩子!

妈妈……

月亮姑娘美丽又善良!

刚出生七天就会走路吗?

这孩子不得了!

天王居然会放牛了,他不过是个十天的小孩,不可思议!

这孩子真聪明!

这个孩子可是神的孩子!

去，把她给我抓来当夫人！

听说月亮姑娘是全寨最好看的女人！

遵命！

遵命！

彩虹救我！

咦？她怎么吐出彩虹了？

我看你还往哪里跑？

这……

这是碰上神仙了！

再见六六，再见我的宝贝！

六六爱妻心切，出门寻找妻子后再也没有回来，只留下天王一个人，孤零零地过日子。

我去找你阿妈！

阿爸，你要去哪里？

阿爸，你可要早点回来！

天王真能干，什么都会，什么都能做好！

那是当然，聪明、勇敢、善良、热心肠，大家都说天王是神的孩子。

这稻穗黄灿灿、沉甸甸的，今年又是一个丰收年呀！

要是那小子还能见到明天的太阳，你们也不用回来了！

我看你怎么出来！

把这盖子盖上！

土官十分眼红，想要把天王家的田地占为己有。一天，天王到一口深井边打水，土官派人用大铁锅把他压在井底……

六月初六，虫祸蝗灾，大家把衣物拿出去晾晒，在田地里做上记号，就可以避灾，切记！
我要去拜天王石，感谢天王！
衣服晒了，田地里也做了记号……
我正要去晾晒衣服呢！
我也在田地里做了记号。
昨晚天王托梦叮嘱的话，大家都照做了吗？
要不，大黄狗也晒一晒？
大人，所有的庄稼都被蝗虫吃光了！
该死的虫子！该死的天王！
哎哟，连家具也被虫蛀了吗？
寨民们事先得到防虫的方法，避免了损失。而霸占天王田地的土官就没有那么幸运了。
听说那作恶的土官家里的庄稼都没了，我们去拜一拜天王石，保佑我们的庄稼。
我也去！
人们感激天王，于是在每年的六月初六，杀猪宰鸡，到天王石那里去祭拜，祈求没有虫灾，还会晾晒衣服，防止蛀虫。

七夕节

金风玉露一相逢 · 七月初七

浪漫的节日

七夕节，为农历七月初七，又叫乞巧节、女儿节。七夕节来自牛郎织女的传说，象征着忠贞不渝的爱情，也寄托着古代女子祈求心灵手巧、婚姻美满的心愿。

在古代，七夕节的民俗活动丰富多彩，如拜七姐、月下穿针、喜蛛应巧等。传说，七姐是天上的织女。在七夕节这一天，古代姑娘们除了祈求爱情和姻缘，还会拜七姐，希望自己能像七姐一样心灵手巧。如今，七夕节依然流行，牛郎织女的传说为这个节日增添了许多浪漫的色彩。

古诗词里的七夕节

鹊桥仙·纤云弄巧

【宋】秦观

纤云弄巧，飞星传恨，银汉迢迢暗度。金风玉露一相逢，便胜却人间无数。

柔情似水，佳期如梦，忍顾鹊桥归路。两情若是久长时，又岂在朝朝暮暮。

译文

纤薄的云彩在天空中变幻着各种形状，天上的流星传递着相思的忧愁，我今晚偷偷渡过天河。在这金风玉露的七夕之夜相会，胜过人间那些貌合神离的夫妻。柔情似连绵不断的流水，相会像梦一样短暂，分别时不忍心看那鹊桥路。若是两情相悦，至死不渝，又何必贪求卿卿我我的朝欢暮乐呢？

节日里的习俗

香桥会

传说每年七夕节牛郎和织女都会在鹊桥相会，而香桥会便是从这一传说演变而来的。农历七月初七，人们聚在一起，用粗长的裹头香（用纸包着的线香）搭成桥梁的造型，入夜后祭祀牛郎星和织女星，随后将香桥焚化，象征着牛郎和织女已经走过香桥，欢欢喜喜地相会了。

结红头绳

在七夕节这一天，有些地方的人们会将红头绳结七个结，戴在体弱多病的孩子脖颈上，以求保佑孩子健健康康。

接露水

传说七夕节的露水是牛郎和织女相
会时的眼泪，将其涂在脸上和手上可以
使人眼明手快。此外，姑娘们在七夕节
当天会用容器把露水收集起来，还会取
河水、泉水来洗头发或洗手洗脸，认为
这样可以获得织女的保佑，使自己更年
轻、更美丽，早日找到如意郎君。

听悄悄话

七夕之夜，银河星光闪烁，牛郎星
和织女星两两相望。姑娘们静悄悄地躲
在家里的南瓜棚或是葡萄架下，竖起耳
朵好像在聆听什么。古人认为，姑娘们
如果能听到牛郎和织女相会时说的悄悄
话，日后就会觅得一位有情有义的如意
郎君，生活也会幸福美满。

七娘会

七娘会又称拜七姐，传说七姐是天上的织女。七夕之夜，姑娘们盛装打扮，相约在一起，摆设香案，摆满各种花果制品，虔诚地向七姐"乞巧"，乞求她传授精湛的手艺。姑娘们也会展示自己的女红巧物，有玻璃宫灯、彩纸花灯等，每个小玩意都精巧玲珑，充满了女儿家的巧思。

为牛庆生

传说牛郎是借助了老牛的皮才能如愿和织女相会的，牛又是农事耕种中不可缺少的生产力。人们为了纪念老牛的付出，便把七夕节这一天定为牛的生日。孩子们会采摘野花编成花环挂在牛角上，为老牛庆生。

拜魁(kuí)星

魁星是传说中主宰文章兴衰的神，可以左右读书人的考运。据说魁星手中的笔专门用来点取科举士子的名字，一旦被点中，文运、官运就会随之而来。七月初七是魁斗星君的生日，读书人拜魁星，希望能得到魁星的青睐，求得功名，平步青云。

穿针乞巧

七夕之夜，月华如水，姑娘们早早吃过晚饭，穿上漂亮的衣裳，约上好姐妹在庭院玩"穿针乞巧"的游戏。她们把五枚、七枚或九枚绣花针并列插在莲藕上，趁着月色，手执五色彩线，对着针孔连续穿针引线。最快穿过针孔者为"得巧"，最晚完成者为"输巧"，输巧者要将事先准备好的礼物送给得巧者。

玩磨喝乐

磨喝乐是一种用泥土、木头等雕塑而成的小人偶，大多是童子手执莲蓬或新荷叶的造型。在七夕节，人们会用磨喝乐供奉织女星和牛郎星。后来，孩童们会将磨喝乐作为玩偶，纷纷模仿其造型或装扮，十分有趣。

喜蛛应巧

七夕之夜，大人们把一些时令瓜果和干果装入果盘，孩子们则睁大眼睛寻找一种叫喜蛛的蜘蛛。谁先发现喜蛛在瓜果上结网，就预示着谁会好运连连。最先发现喜蛛的人要把瓜果分到大家的手中一起享用，这代表人人得巧、年年有巧。

吃巧食

吃巧食是七夕节的传统饮食风俗，巧食种类繁多，包括面条、油果子和酥糖等。其中有一种巧果，是用米或者面粉制作成的油炸点心，外形精巧，口感酥脆。人们认为吃了这些巧食，就会变得心灵手巧、充满智慧。

相传很久很久以前，天帝的一个小孙女美丽聪明，心灵手巧，十分擅长织布，大家都叫她织女。

听说人间很热闹呢！

我听说人间还有很多好吃的呢！

人间到底是怎样的呢，真的比天上还好吗？

牛郎是一个苦命的孩子，父母早亡，刻薄的嫂子把他赶出家门，只有一头上了年纪的老牛与他相依为命。

有一天，织女趁机偷偷溜到人间，玩得不亦乐乎。傍晚，织女打算在河里洗完澡再回天庭，丝毫没注意到一群路过的乌鸦正悄悄地靠近她的羽衣……

把它顺走！

好主意！

哇，多么漂亮、洁白无瑕的羽衣啊！

我的羽衣没了，我回不了家了……

你要是不嫌弃，就先在我家住下，后面再想想办法。

你真好看……

你也是……

日子一天天过去，牛郎爱上了心灵手巧的织女，织女也爱上了勤劳朴实的牛郎，他们结为了夫妻。

天帝知道了织女私自下凡的事，大怒，派人把织女带回了天庭。
阿爸，我们去哪里？
飞起来了！
阿爸带你们去找妈妈！
我想妈妈了！
去找妈妈咯！
牛郎和织女的感情真好！
可惜天河隔开了他们，让他们不能相见！
搭一座鹊桥，让两个有情人见面！
我们帮帮他们吧！
我去把兄弟姐妹们全部叫过来！
我们真情在，不在乎朝朝暮暮！
阿牛哥，我们一年只能见一面……
眼看牛郎就要追上织女了，一条天河却阻隔在两个人中间。天上的喜鹊被两个人的爱情打动，于是在每年七月初七这一天，用身体在天河上搭起一座鹊桥，让牛郎和织女团聚。

缅怀先人的节日

中元节，为农历七月十五，俗称"七月半""祭祖节"。提起中元节，大家往往会联想到"鬼节"，其实中元节本质是祭祀，是人们缅怀先人的传统节日，也是民间庆贺丰收、酬谢大地的日子。

在远古农耕时代，人们虔诚地奉上新收获的粮食，举行向祖先亡灵献祭的仪式，叫作"秋尝"，这一仪式旨在让祖先尝新，顺道向祖先报告收成情况，希望来年可以丰收。到了唐朝，民间逐渐将"中元"固定为节日名称，七月十五作为中元节开始兴盛起来。后来中元节渐渐成为主流节日，节日氛围越来越接近于清明节，民间还有扫墓祭祖、逛夜市和放河灯等习俗。

中元月上九衢明·七月十五

中元节

古诗词里的中元节

长安杂兴效竹枝体

【清】庞垲

万树凉生霜气清，中元月上九衢^{qú}明。

小儿竞把清荷叶，万点银花散火城。

译文

中元节的夜晚，树木枝叶生霜结冰，空气格外清新，明月照亮了大街小巷。孩子们拿着荷花灯结伴在街上追逐玩耍，一起在河边放河灯，那星星点点的灯火像万千银花散落在大街小巷。

节日里的习俗

祭祖

祭祖，既是一种慎终追远的体现，也是一种感恩祖先的文化传统。在民间，人们认为已故的祖先会在七月十五这天回来探望子孙后代，所以会准备酒肉、糖饼和水果等吃食供奉。此时正值农作物收获的季节，人们也借此机会与祖先分享丰收的喜悦。

蒸面羊

面羊是一种做成羊形状的面点，既是祭祖的供品，也可以作为馈亲的礼品。新出嫁的姑娘和女婿收到面羊后，会切下一小块，然后用红丝线系在厅堂，直到次年更换新的面羊，寓意新羊换旧羊，年年有余粮。

放河灯

放河灯又叫放荷灯。河灯也叫荷花灯，一般是用五颜六色的纸张做成荷花形状的底座，底座上放有装着灯油的小盏或是蜡烛。在古人的观念中，火是万物之源，能带来吉祥和温暖，也能战胜寒冷和饥饿。人们在中元节放河灯，既是为了悼念逝去的亲人，也是为了祈福。

动动手

下面让我们一起来做一个简单又好看的荷花灯吧！先准备6张正方形的彩纸。

01 将一张正方形彩纸对半裁成长方形，然后把裁好的长方形彩纸对折后展开。

02 沿着对折后的中线，将4个直角向中间折叠。

03 将两边向中间对折，再沿中线反向对折，一个折纸就折好啦！

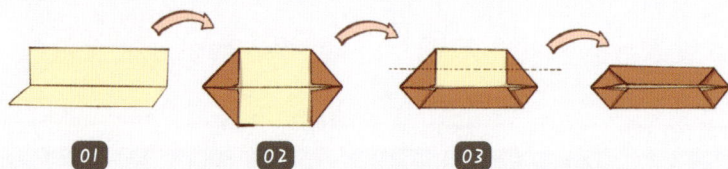

05 取出3个折好的纸，将它们套在一起，共制作4组。

04 用相同的方法将其他彩纸也折成相同的形状。

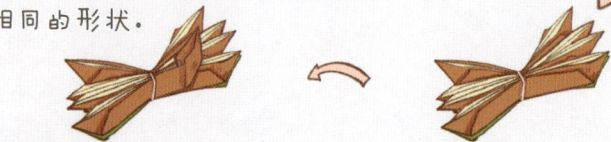

07 将折纸的其中一个角向上翻折，一个荷花花瓣就做好啦！

06 把4组折纸放在一起，用细棉绳绑住中间。

08 将第1层的角向上翻折，然后依次将第2层、第3层的角向上翻折，整理好造型，在灯里放上蜡烛，一个简单又好看的荷花灯就做好啦！

吃鸭子

很多地方中元节有吃鸭子、宰鸭祭祖的习俗。"鸭"与"压"同音,古人认为吃鸭子可以"压邪"。传说去世的先人与人间有一条奈河相隔,往来需要过桥。鸭子就像人间摆渡的船只,能把纸钱、衣物等祭品驮过奈河,送到先人的手中。

烧纸

古代的中原地区有厚葬的习俗。当亲人过世时,人们会把亲人生前用过的金银首饰等贵重物品作为陪葬品随葬。此外,还有一种专门铸造的钱币也常被用作陪葬品,但随着时间的推移,这种习俗逐渐演变为掩埋纸钱,并最终以焚烧纸钱的方式取代掩埋。古人认为焚烧纸钱时产生的青烟能把子孙的祈祷送达,祈求祖先保佑。

跳天灯

中元节的夜晚,人们来到平坦开阔的场地,每隔一段距离放置一个装有豆油的小碗。带头的跳灯人敲打着木鱼,按节奏在点燃的油碗灯中穿梭跳跃,其他的跳灯人纷纷加入。

漫画小剧场——《蔡莫烧纸》

真的吗？那我要去报名学习。

听说蔡伦还开课授艺，专门教造纸技术。

古时候有个叫蔡伦的人，经过他改良和制作的纸张又轻又薄，便于书写，深得人们的青睐。

这个纸真好，我要多买一些囤着。

媳妇说的是，我听媳妇的。

当家的，你去把那个造纸技术学过来，咱也开个纸坊。

一定要尽快把技术学到手，早日开门做生意赚钱！

蔡伦的嫂子慧娘也想开纸坊做生意赚钱，便赶紧让丈夫（也就是蔡伦的哥哥蔡莫）去学习造纸技术。

媳妇说的是，我听媳妇的。

我媳妇真聪明！

那财源还不得滚滚来！

阴间和人间一样，干什么事儿都得花钱。
在那里以纸当钱。
我就是用这些纸钱给无家可归的小鬼买了吃的和穿的！
给阎王和判官修了宫殿。
还修了路，造了桥。
听起来像真的一样。
太玄乎了，我才不信呢。
阎王和判官见我既仁义又大方，便放我回来了。
回来就好！
当家的，咱多烧点。这纸虽然不值几个钱，但能让他们在那边过上好日子呀！
爹呀娘呀，你们在那边别不舍得吃、不舍得穿啊！
我也要！
大娘子呀，给我拿几捆，我给我那辛苦了一辈子的老头子烧点！
花几个钱求个心安，也不错。
这下真的发达了！

团圆的节日

中秋节，为农历八月十五，又称祭月节、团圆节等，是我国四大传统节日之一。中秋节是秋天的节日，秋天是收获的季节，人们通过举行各种庆典活动来表达收获的喜悦，同时也寄托着对阖家团圆、共享天伦之乐的期盼。

中秋节源自古人对月神的祭祀。农历八月中旬是秋粮收获的时间，为了庆祝五谷丰登，人们会举行祭月仪式和各种庆祝活动，这被称为"秋报"。后来祭祀的色彩逐渐褪去，祭月逐渐被赏月替代。北宋时期，朝廷正式将八月十五定为中秋节，人们在八月十五的晚上举行各种庆祝活动。在千百年的传承中，中秋节的娱乐内容一直在变化，但团圆的主题亘（gèn）古不变。

中秋节

千里共婵娟 · 八月十五

古诗词里的中秋节

水调歌头·明月几时有（节选）

【宋】苏轼

人有悲欢离合，月有阴晴圆缺，此事古难全。但愿人长久，千里共婵娟。

译 文

人有悲欢离合的变迁，月有阴晴圆缺的转换，这种事自古以来很难周全。只希望自己思念的人能够长久平安，即使相隔千山万水，也能共同欣赏皎洁美好的月亮。

节日里的习俗

祭月

在古代，每年中秋月圆的时候都要举行祭月仪式。当皎洁的月亮冉冉升起，人们在门前庭院设香案，摆上月饼、瓜果等贡品，将月神的牌位或是画像放在月亮的方向，虔诚地祭拜。后来祭月逐渐演化为赏月、颂月、追月等民俗活动。

月神

在上古神话中，最早的月神是常曦（xī），传说她生了十二个月亮，分别代表十二个月。随着嫦娥奔月故事的出现和广泛流传，"月神"成为美好爱情的代名词，嫦娥成为新一代的月神，月亮也成为象征美好爱情的一种自然事物。

走月亮

古时的中秋月圆之夜，女子约上好友相伴出游，或寻访知己好友，或拜佛庵，一直到天亮，这被称为"走月亮"。据说走月亮很有讲究，至少要走过三座桥且不许重复，还不能走回头路。

吃月饼

月饼，也叫月团、团圆饼等，在古代是祭月、拜月必备的贡品。后来人们把它当作中秋必备的美食，除了用于祭月、拜月，还会和家人一起品尝或是赠送亲朋好友，寓意团团圆圆、平平安安。

赏桂花、吃桂花糕、喝桂花酒

农历八月，古称桂月，是赏桂花、吃桂花的最佳时期。古人把桂花看作崇高、美好、吉祥的象征，称赞儿孙为"桂子兰孙"。在中秋节，人们会采摘新鲜的桂花来制作桂花糕、酿制桂花酒，和家人一起享用。

树中秋

中秋夜，孩子们会把各式各样的灯笼（果品灯、鸟兽灯、虫鱼灯等）系于高杆上或竖于高台下，灯下还连着许多小灯。一盏盏灯笼在月色的映照下如繁星点点，十分好看且充满意趣。孩子们奔走着、玩耍着，还比赛看谁竖得高、谁竖得多、谁的灯更精巧，这就是"树中秋"（也叫"竖中秋"）。

亮橘灯

橘灯是指把橘子的顶部削去一个圆盖，掏空果肉，穿上棉线作为提手。在橘子里面放上蜡烛或是灯油，点燃后可以悬挂在自家门头上，也可以让孩子提着玩耍。橘灯散发出的温暖光芒，象征着团圆、吉祥。

动动手

下面让我们一起来做一盏橘灯吧！准备一些新鲜的橘子、棉绳、蜡烛和小木棍。

01 用小刀把橘子的顶部平切下来。

02 用勺子沿着橘子边缘把果肉挖掉。挖果肉之前，要先把橘子放在手上轻轻地揉一揉、搓一搓，这样果肉和果皮更好分离。

03 将切下来的橘皮剪成两个小犄角，用牙签固定在橘子两侧作为装饰。

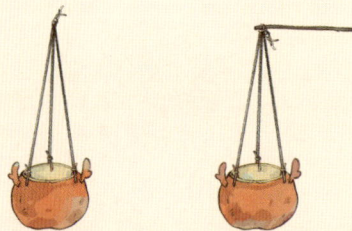

04 在橘皮口附近确定三个点位，点位相连可形成一个等边三角形。分别将三根棉线的一端穿过橘皮上的点位并打结，将另一端捆绑在一起并固定在小木棍的一端。最后放上蜡烛，一盏小橘灯就做好啦！

舞火龙

人们用薄竹片和稻草扎成长龙的形状，然后安上爆竹，插满点燃的香火，制成火龙。在喜庆的锣鼓声中，小伙子们舞着火龙，火星点点，烟雾缭绕。

偷月亮菜

在古时，人们认为月宫的仙女会在中秋夜下凡，把甘露洒遍人间。仙女的甘露是无私的，所以人们会到别人家的菜地里采摘沾有露水的瓜菜。摘取瓜菜时只要打一把小花伞，就不会被当成"小偷"了。

玩兔儿爷

在民间传说中，玉兔是月亮上的仙灵。人们用泥巴捏成一种兔首人身的小泥塑，出于对它的敬意，将其称为"兔儿爷"。

很久以前，有一个以打猎为生的后生，叫羿。羿天生神力，臂力大得惊人，是远近闻名的猎手。

看我的肌肉！

我们羿真棒！

晚上吃野兔肉！

今天的收获真不少呢！

我长大也要像羿哥哥一样厉害！

凿齿

我叫嫦娥，家在仙女山……

我叫羿，家住黑土坡……

嫦娥妹妹……

羿哥哥……

天上有十个太阳，地上到处都是妖兽，这日子没法过了……

一天，羿到山中狩猎，在古老的月桂树下遇见一个叫嫦娥的美丽姑娘，两人一见倾心，在月桂树下结为夫妻。

突然有一天，天上竟然同时出现了十个太阳，炽热的阳光烤焦了庄稼草木，烤死了牲畜，此时凿齿、九婴、大风、猰貐（yà yǔ）、封豨（xī）等凶兽趁机出来为恶人间。

还有最后两个太阳，射下一个，留一个！

羿临危受命，一鼓作气射下了九个太阳，并杀死了这些凶兽。

大风

猰貐

修蛇

封豨

终于可以过正常的日子了！

一个太阳刚刚好！

那吓人的凶兽再也不会出来了！

是羿拯救了我们啊！

是啊，多亏了羿！

他是我的英雄！

羿哥哥真的很厉害，是吧！

天神，快来救救我们受苦受难的百姓吧！

羿，念你除害有功，救众生于水火，今将不死仙丹赐予你……

谢王母娘娘！

我要赶紧把灵药拿回家，交给嫦娥！

这是王母娘娘赏赐的灵药，吃了可以和神仙一样长生不老，可得放好了！

那我把它放到大箱子里，用大锁锁起来！

长生不老？我要把它拿到手！

有一个叫逢蒙的坏蛋听说羿有不死仙药，心生歹意，想把仙药占为己有。

我劝你识相点，快把灵药交出来！要不然我就把你家砸个稀巴烂！

你休想！

绝不能让坏人得逞！

啊，飞起来了！不……

大坏蛋逢蒙趁你不在家，要抢你的灵药！

嫦娥吃了灵药，就飞到天上去了！

嫦娥不给，无奈就把灵药给吞了……

我要去把嫦娥找回来！

王母娘娘，请您帮帮我，让嫦娥回来吧！

逢蒙已经得到惩罚，嫦娥也已经是广寒宫的仙子，不能再回到人间了。

羿，你在人间可好？

嫦娥……

羿……

嫦娥，你在天上可好？

每年八月十五月圆之夜，羿和嫦娥一个在人间，一个在月宫，遥遥相望，互诉衷情，盼望着有一天能团聚。

九九重阳

重阳节，为农历九月初九。这一天，人们登高赏秋，举办宴饮，庆祝秋季丰收，还会祭祀祖先，祈求家族健康、幸福。

先秦时期，已有在九月祭天帝和祖先的活动。魏晋时期，重阳节深受文人墨客的喜爱，有了赏菊吟诗、饮酒作赋的习俗。唐代，重阳节是朝廷法定节日，人们听歌赏舞、赏菊、作诗和饮菊花酒等。宋代，由于平原地区山少，人们习惯用吃糕代替登高，因此重阳糕成为人们喜欢的节令美食。明清时期，重阳节又被称为女儿节，这一天出嫁的女儿会回到娘家团聚，家家户户都会准备丰盛的宴席，其中自然少不了美味的花糕。

重阳节

每逢佳节倍思亲·

九月初九

古诗词里的重阳节

九月九日忆山东兄弟

【唐】王维

独在异乡为异客，每逢佳节倍思亲。

遥知兄弟登高处，遍插茱萸少一人。

译文

我独自在异乡，每逢节日的时候就倍加思念亲人。今天家乡的兄弟们一定在登高眺望，大家头上都插着茱萸，只少了我一个人。

节日里的习俗

丰收祭天

在农耕时期，每到秋天，人们会高高兴兴地把新收的瓜果、谷物拿出来，举办祭天、祭祖的活动。古人认为粮食的丰收离不开天地的馈赠和祖先的福佑，因此通过举办祭祀仪式祈祷来年风调雨顺。

祭"大火"

"重阳大火退"是指大火星（心宿二）从夜空中消失，这预示着漫长的寒冬即将到来，人们要开始准备过冬了。古人奉大火星为火神，当它消退的时候，要拿出家中最好的瓜果、谷物举行仪式，祈求保佑家族平安。

享宴祈寿

古时重阳节有庆丰收的祭祀活动，后来人们加入求长寿的宴饮活动。在重阳节这一天，人们邀请亲朋好友欢聚一堂，举办盛大的宴席，祈求老人们健康长寿。

小讨论

我们怎样为爷爷奶奶、外公外婆庆祝重阳节？在日常生活中我们可以为长辈做什么呢？

老年节

在中国文化中，九常被视为阳数之极，代表至高无上的地位。九九重阳，有长久、长寿的含义。重阳节也因此包含了爱老、敬老、尊老等内涵，被称为老人节、老年节等。

重阳拜山

拜山是指人们准备好香烛、鞭炮和酒菜等登山扫墓祭祖，清明是春祭，重阳是秋祭。这一习俗饱含了对祖先的尊敬和怀念之情，也寄托了祈求祖先保佑家族繁荣昌盛的愿望。

登高辞青

随着秋天的来临，树木的叶子开始变黄，青草的绿色也越来越少，于是古人便相约在重阳节结伴出游，饮酒游乐，告别绿色，这就叫辞青。同时，人们还会登高，除了对山岳的崇拜，还因为重阳节这天清气上扬，浊气下沉，登高可以畅享清气，延年益寿。

簪菊花、佩茱萸

菊花有着"延寿客"的雅称，菊花在重阳节开得最旺盛，这时人们会摘一朵插在鬓发间，寄托着健康长寿的心愿。茱萸香味浓郁，还有防虫、防蛀的功效。古时人们把茱萸佩戴于手上或插在头上，认为这样可以避难消灾。

赏菊饮酒

每年九月，菊花盛开之际，人们相约在家中或是郊外赏菊花、品美酒。菊花酒清香宜人，是重阳节祛灾祈福的"吉祥酒"。

吃重阳糕

重阳糕又称花糕、菊糕，是用米面辅以各种干果蒸成的糕点。糕与"高"谐音，有生长、向上和进步的寓意。

漫画小剧场——《恒景斩魔》

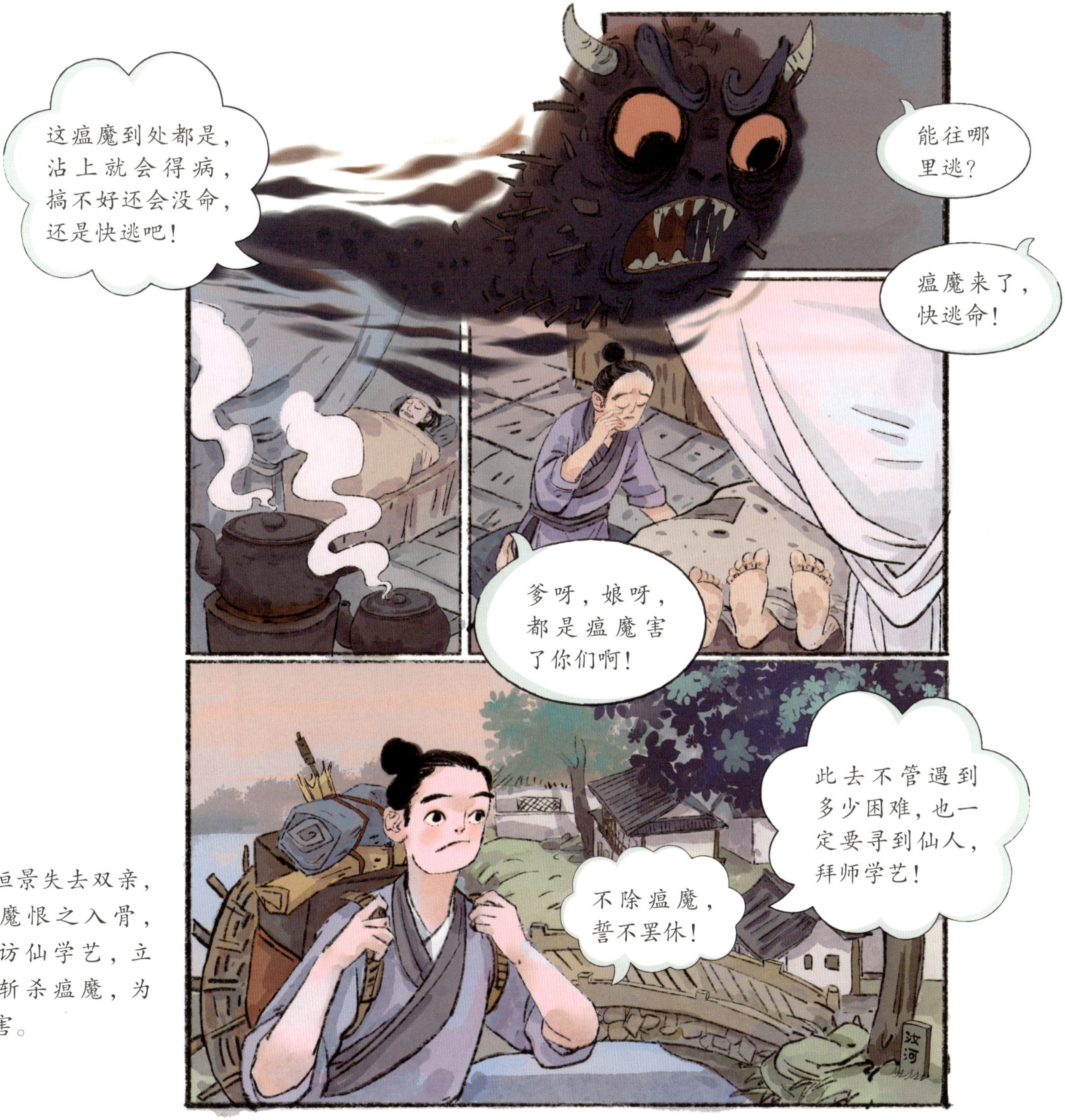

恒景失去双亲，对瘟魔恨之入骨，一心访仙学艺，立誓要斩杀瘟魔，为民除害。

听说有一位叫费长房的仙人，道法高深，什么妖魔鬼怪都能对付！
茶肆
不过听说他隐居在仙山，找他可不容易！
这位仙人这么厉害，我要找到他，拜他为师，不管遇到多大的困难！
一定要除掉瘟魔，为爹娘报仇，为民除害！
不惧风雪寒！
不怕雨露打！
再坚持一下！
咦？有鹤鸣？
鹤兄，你这是要带我到哪儿去？
坐稳了！带你去见费仙人，他是位很慈祥的仙人。
多谢师傅，我一勤加练习，早日成，为民除害！
嚯！
每个人分一串茱萸……师傅我记住了！
好徒儿，这一坛菊花酒降魔有奇效，你也一并带去吧！

这是先师留下来的宝剑，今赠与你！

在仙鹤的帮助下，恒景终于找到了费仙人，并拜费仙人为师。

哈！

师傅，等我除掉了瘟魔，一定再回来看望您老人家！

仙人认为恒景已经学成可以出师了，于是把恒景叫到跟前，送给他一包茱萸叶和一坛菊花酒，将辟邪的方法告诉他，让他下山去。

这个后生太厉害了，不好对付呀！

茱萸和菊花酒的气味太熏了……

瘟魔，速速受死吧！

瘟魔，哪里逃！

啊，打不过他！

瘟魔终于被铲除了，今天一定要好好庆祝一番！上好酒！

瘟魔被打得从此再也不敢出来作妖。这一天刚好是九月初九，于是登高、插茱萸、喝菊花酒就成为民间习俗被保留了下来。

冬至大如年

冬至作为一个团圆的日子,在古代备受重视。

汉朝时,冬至被视为冬节,朝廷上下都放假休息。到了宋代,冬至像过年一样喜庆,人们不论贫富贵贱,都会想方设法添置新衣,准备各种美食,互赠礼物,官府也允许民间举行各种娱乐活动。明清时期,北方的冬至节虽不像以往那么隆重,但像百官朝贺、互拜等传统习俗依然流行。而在南方地区,人们互赠冬至盘,喝节酒,互相拜冬贺节,一如既往的热闹隆重,甚至有"冬至大如年"之说。

冬至

冬至阳生春又来

古诗词里的冬至

小至

【唐】杜甫

天时人事日相催，冬至阳生春又来。刺绣五纹添弱线，吹葭六琯动浮灰。

岸容待腊将舒柳，山意冲寒欲放梅。云物不殊乡国异，教儿且覆掌中杯。

译文

　　天时和人事每天都变化得很快，转眼又到冬至，过了冬至，春天就快到了。姑娘手中的绣花线续了又续，可见白天越来越长，吹管的六律已飞动了葭灰。河堤两岸好像在等待腊月过去，好让柳树舒展枝条，抽出嫩绿的新芽。远处的山好像要冲破这冬日的寒气，好让梅花开放。我虽然身处他乡，但这里的景物与故乡的也没有什么不同，赶紧让家里的孩子斟上美酒，举杯饮个痛快。

节日里的习俗

冬节宴饮

"冬至大如年，人间小团圆。"冬至节又称冬节，在古代是一个十分隆重的日子。冬至节前后，朝廷会安排休假，并举办庆典，富裕家庭会准备华丽的马车外出游玩，普通的老百姓之间则互赠美食。

冬至盘

在古时的冬至节，民间十分热衷于互相送礼。冬至盘就是冬至节的一种特供礼盒，里边装有冬酿酒、腌制品等。

冬至馄饨（hún tun）

相传古时塞外的浑氏和屯氏两个部落的首领十分凶残，经常带着手下无故骚扰、抢劫边民，百姓恨之入骨，于是以肉糜为馅包成面角儿，滚汤煮之，取"浑"和"屯"的谐音，叫作馄饨。百姓通过吃馄饨来发泄对浑氏和屯氏的恨意，祈求能平息战乱，过上太平日子。

吃红豆糯米饭

相传共工氏的一个不成器的儿子，生前凶恶残暴，死后变成疫鬼，传播瘟疫，为害百姓。这个疫鬼最害怕红豆，于是人们在冬至节煮红豆糯米饭，与家人一同食用，以期驱赶疫鬼，保护家人平安。

吃饺子

"冬至不端饺子碗，冻掉耳朵没人管。"传说女娲捏泥人时用一条线穿过小泥人的耳朵与嘴巴，这样小泥人的耳朵被线牢牢地固定住，天气再冷也冻不掉。后来每年的冬至节，人们就包带馅（谐音"线"）、像耳朵的面角儿（饺子）食用，希望耳朵不受冻。

吃冬至团

冬至团由糯米粉包裹糖、肉糜、豇（jiāng）豆和萝卜丝等馅料蒸制而成。冬至团在古时是祭祀的供品，也是馈赠亲友的礼品，寄托着人们希望家人团团圆圆的愿望。

画九

古时人们认为从冬至开始，数到九九八十一日，就是冬寒变春暖的日子。因此，人们会通过画九的方式来记录这一过程。画九是指从冬至这天起，画一枝有九根枝丫的素梅，每根枝丫上画九朵梅花，每过一天就给一朵梅花填色，等到九九八十一朵梅花都被填上了颜色，春天就来了。古时冬天寒冷漫长，画九便成为娃娃们有趣的消遣游戏。

冬至迎日

冬至之后，白天逐渐变长，人们会在冬至举行迎日的庆贺仪式。天子会率百官举行祭天仪式，但寻常百姓没有资格参加，因此他们会通过日晷（guǐ）仪观察日影来预测来年是否有好年景。

献履贡袜

古人认为冬至节是大吉的日子，后辈在这一天会给长辈献上新做的鞋袜，长辈在数九寒冬穿上柔软暖和的新鞋、新袜，寓意着能够得到上天赐予的福气。

漫画小剧场——《张仲景与饺子的传说》

相传张仲景自幼勤奋好学，在书中了解到名医扁鹊的故事后，深受触动，对医学产生了浓厚的兴趣。

望、闻、问、切是什么？

玉竹，生津止渴……

张仲景苦学医术，即使后来他当了大官，依然在每月初一和十五为百姓免费看病、治病。

可有什么不适症状？

腰酸，背痛，一点力气也没有……

唉，太难受了！咳嗽已有月余，总也不见好……

我耳朵疼，手也疼，呜呜……

阿娘给宝宝呼一下就不疼了，宝宝不哭，很快就到春天了，到了春天就暖和了。

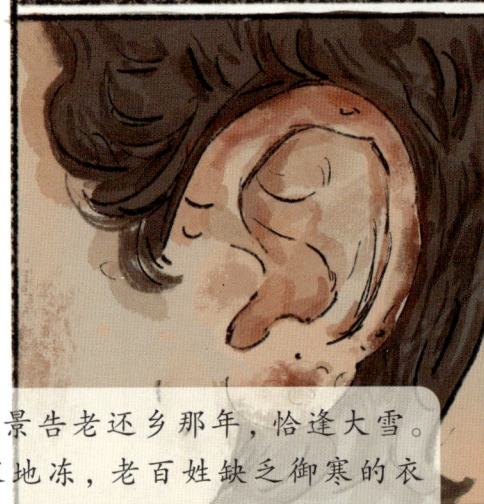

挤一挤就不冷了……

张仲景告老还乡那年，恰逢大雪。当时天寒地冻，老百姓缺乏御寒的衣物，很多人的耳朵和手上长满了冻疮(chuāng)，有的人整个耳朵都被冻掉了，疼得哇哇大叫。

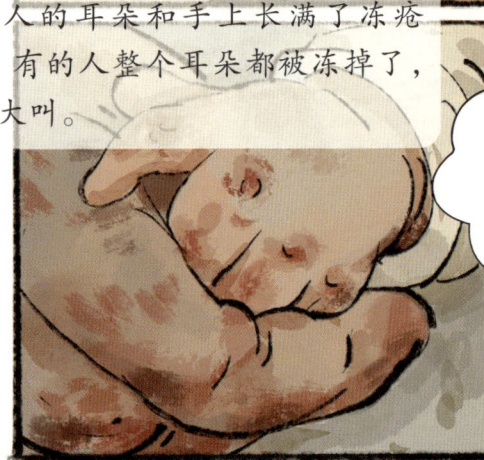

衣不蔽体，食不果腹，孩子的手脚都长满了冻疮，可怜呐！

得想个祛寒的方子，帮百姓度过这个寒冬啊！

张仲景把羊骨、萝卜和肉桂等一起放入大锅里熬煮成汤。将羊肉和生姜剁碎成馅，用面皮包成形状类似耳朵的面角儿放到汤中熬煮，做成"驱寒娇耳汤"。

咕嘟、咕嘟……

真神奇，手脚都不冷了！

张大夫把方子给我们了。

慢点，小心烫！

张大夫真是个大善人！

咱以后每年都可以喝娇耳汤了。

好喝，好喝，我还要喝！

好香！

冬至节，吃饺子，不冻耳朵！

香喷喷、热乎乎的饺子来咯！羊肉萝卜馅儿的！

娇耳就是我们现在所说的饺子，自此冬至吃饺子的习俗便流传了下来。

过了腊八就是年

腊八节，为每年农历的腊月（十二月）初八，又叫法宝节等。"小孩小孩你别馋，过了腊八就是年。"过了腊八，意味着离过年也不远了。

自先秦起，人们会在年末用猎物祭祀祖先和天地，祈求丰收与平安，这一传统被称为"腊祭"，而举行腊祭的日子则被称为"腊日"。南北朝时期，人们把腊祭的日期固定在腊月初八。随着时间的推移，很多原本属于腊日的风俗逐渐"转移"到了春节，民间腊日祭祖的活动越来越少，但是诸如宴饮等节庆风俗越来越丰富。宋代，喝腊八粥成为腊八节的节日食俗，家家户户都要熬煮腊八粥。清代，过腊八节是极其隆重的事情，每年这一天，朝廷都要举办腊八盛典，皇帝会特派大臣专门管熬粥的事宜。

腊八节

腊八家家煮粥多·

古诗词里的腊八节

腊八

【清】夏仁虎

腊八家家煮粥多，大臣特派到雍和。
yōng

对慈亦是当今佛，进奉熬成第二锅。

腊八节这一天，几乎家家户户都要煮腊八粥。大臣们特地到雍和宫熬煮腊八粥。第一锅腊八粥当然是用来敬献佛祖的，第二锅进奉给太后和帝后家眷。

节日里的习俗

喝腊八粥

腊八节一大早，人们把多种谷物、干果和豆类熬成一大锅热气腾腾的粥，第一碗首先要给祖宗和神灵供上，然后再给亲朋好友送去，最后全家坐在一起享用。如果粥还有剩余，则被视为好兆头，意味着年年有余。

腊祭

在古代的十二月，农事空闲，为了丰富自己的食物，人们纷纷进山打猎，用捕获的猎物来祭祀诸神。而岁末十二月又被称为腊月，因此这时的盛大祭祀活动被称为"腊祭"。

纪念岳家军

相传在三九严冬之际，岳飞率领岳家军抗击金军，那时天寒地冻，岳家军缺衣少粮，处境艰难。周边的老百姓纷纷把省下的口粮送给岳家军，岳家军把这些五谷杂粮熬成粥才得以饱腹，最后在腊八节那天打了大胜仗。后人为了纪念岳飞和岳家军，每年的腊八节都会煮腊八粥与家人共享。

腊八喂树

在腊八节，人们用刀在自家的枣树或栗树上轻轻地砍出几道小豁口，把新煮的腊八面或腊八粥涂抹在小豁口上，这就叫喂树。古时人们坚信只要喂得好，树就长得快，来年果子就结得多。

腊八冰

"来年成不成，先看腊八冰。"腊八节早上，人们到河边采集冰块放在自家院子里，如果冰块不容易融化就说明腊八节足够冷，预示着来年风调雨顺。民间还有吃腊八冰的习俗，人们在院子墙头放上一碗清水，等结冰后把它敲碎，大家分着吃。古人认为腊八冰能消除厄运，吃了腊八冰一年都不会肚子痛。

做腊八蒜（suàn）

在过去，人们在腊八节泡腊八蒜的原因主要有两方面。一方面是为了保存吃不完的大蒜，另一方面是因为"蒜"与"算"谐音，腊月临近年尾，人们聚在一起泡腊八蒜，顺便聊聊各家庄稼的收成情况，并规划明年需要种植的作物。商家也要清算盈亏，去收外债的时候给对方送上一坛腊八蒜，借机提醒对方该还债了。

腊八豆腐

在腊月里，人们将豆腐切成块状，用香料腌制后，放在通风的地方晾晒风干，这样制成的便是腊八豆腐。腊八豆腐咸鲜可口，风味独特，容易储存。

漫画小剧场——《腊八粥的传说》

很久以前，有一对勤劳节俭的老夫妻。他们勤勤恳恳地劳作，从不浪费一粒粮食。天长日久，家里的仓库存满了各种各样的粮食，每个粮仓都堆得冒尖。

喔！
喔喔

太阳出来之前要把这块地翻完。

老头子天刚露白就下了地，做点他爱吃的烧饼。

家有余粮，下雨不愁！今年的收成不错！

谷仓

高粱

老婆子，咱们对儿子骄纵了些，如今总算成家了，咱们也老了！
老头子呀，咱家新妇多俊呀！儿子会懂事的，咱家的日子也会越过越红火的！
娘子，香喷喷的烤鸡，来福楼的！
烤鸡还是他家的好吃！就是贵了些。
只要娘子高兴，钱不是问题，咱天天吃！
唉，年纪大了，手脚不利索了，干不动咯！
小夫妻俩好吃懒做，老夫妻看在眼里，但无计可施。随着时间的推移，老夫妻渐渐老去，老爷子临终之际把儿子和儿媳叫到跟前，千叮咛万嘱咐。
儿呀，谁家的地耕得勤，谁家的粮食就存得多。儿呀，可要勤快些！
爹，儿知道了！
谷仓
高粱

没过多久，伤心过度的老婆婆也病倒了，眼看着就不行了。

儿呀，谁家的烟囱先冒烟，谁家的高粱先红尖……

娘，儿都记住了！都记住了！

太晒了，没人下地干活，明天再去也不迟！

大郎，该出工了！

大娘子，挑水去不？

我身子骨弱，干不了这些粗活！

好好的地荒着怪可惜的！

这是谁家的地？

村头大郎家的。

就是那个好吃懒做的大郎。

谁说不是呢？

坐吃山空，金山银山也遭不住！

老两口是出了名的勤劳能干，家里的存量应该不少。

没人管的小夫妻，过着坐吃山空的生活，地里的野草比庄稼长得还茂盛，粮仓的粮食眼看着越来越少……

忙年有余庆

小年通常被认为是忙年的开始，虽然各个地方的习惯和风俗不尽相同，但是人们基本上都会在这个时候开始筹备年货，准备迎接新年的到来。忙碌的景象，象征着家里的富足和新年的红火。

各地风俗不同，小年的日期也有所不同，一般是在腊月二十三、二十四或二十五。祭灶和除尘是小年的两大主要活动。源于古人对火的崇拜，灶君成为民间尊崇的一位大神，后来灶君被赋予督察人间过错的职责，祭灶的日子被定在腊月。传说灶君在腊月二十四那天要向天帝报告人们的过失，因此人们除了准备丰富的祭品，还要把家里打扫得干干净净，不给灶君留下话柄。

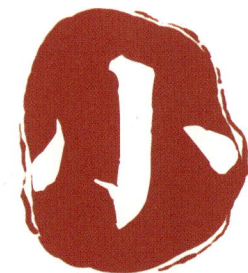

小年

此是人间祭灶时

译文

　　传说腊月二十四，灶王爷要向天庭报告人间百事。那一天，灶王爷乘着云车和风马，腾云驾雾在人间行走巡视一番，此时家家户户摆上美食和美酒来祭祀。烂熟的猪头肉、两条鲜美的鱼，还有豆沙团子和粉糕都给灶王爷奉上。家中男子斟酒祭拜，女子是要回避的。烧过纸钱、洒上美酒，灶王爷该开心了吧。灶王爷呀，女人之间的争吵您就装作听不见，猫狗上蹿下跳地打斗您也别归罪。您只管吃饱喝足登上天宫，家长里短的琐事您也不必上告天庭，希望您能讨来奖励，回来一起分享。

古诗词里的小年

祭灶词

【宋】范成大

古传腊月二十四,灶君朝天欲言事。

云车风马小留连,家有杯盘丰典祀。

猪头烂热双鱼鲜,豆沙甘松粉饵团。

男儿酌献女儿避,酹酒烧钱灶君喜。

婢子斗争君莫闻,猫犬角秽君莫嗔。

送君醉饱登天门,杓长杓短勿复云,乞取利市归来分。

节日里的习俗

祭灶王

祭灶王又称"辞灶""送灶"，顾名思义，就是给灶王爷送行。传说灶王爷把人间的事情都一一记录在册，在小年拿着记录册向玉皇大帝禀报各家的情况，腊月三十再返回人间，根据玉帝的旨意进行奖惩。

灶王

我们经常提到的灶王爷是谁呢？有人说是炎帝，有人说是祝融，还有人说是一个名为先炊的妇人。在民间传说中，灶神的职责从执掌灶火、管理饮食逐渐扩大到考察人间善恶，以降福祸。

跳灶王

古时的乞丐们会在小年期间扮成灶公、灶婆的模样，在别人家门口打着竹板、跳着舞、说着吉祥话来乞讨钱银，这种活动被称为"跳灶王"，一般从腊月初一开始，持续到送灶王上天为止。

扫房除尘

从小年到除夕的这段时间叫"迎春日"或"扫尘日",家家户户都要大扫除,清洗各种器皿、箱笼、被褥(rù)和衣物等,还要扫门前庭院,拂尘除垢。

剃头

民间有"有钱没钱,剃头过年"的说法,人们会在小年或小年之前剃头。除了剃头,大人和小孩都要从头到脚、从里到外洗得干干净净,以全新的面貌迎接新的一年。

吃年糕

过小年，美食是必不可少的。北方地区的人们爱吃饺子，而南方地区的很多地方则会在小年蒸年糕、吃年糕。年糕与"年高"谐音，寓意着一年比一年高，一年比一年好。

吃灶糖

"二十三，糖瓜粘，灶王老爷要上天。"灶糖是一种用江米和饴（yí）糖做成的吃食，外形看起来像瓜所以又叫糖瓜。灶糖既甜又黏，人们认为灶王爷吃了这样的灶糖，嘴巴也能甜一些，多说一些好话。

剪窗花

剪窗花更多流行于北方地区，手巧的长者带着年轻的后辈一起剪出漂亮的窗花贴在窗户上，增添过年的喜庆氛围。窗花的图案样式丰富多样，大多有吉祥的寓意，如"喜鹊登梅""三阳开泰""二龙戏珠"等。

赶乱婚

过了小年，民间认为诸神都在年节赶着上天，自然就没那么多心思管理人间诸多俗事。因此很多人会选择在这段时间办婚事，无须过分讲究吉日。

漫画小剧场——《三尸神》

传说很久以前，有一个邪恶的三尸神，他心眼很小，经常向玉皇大帝打小报告，添油加醋地说人间的坏话。

哼！丑陋的人类！

就快到家了，很久没有见女儿了，希望她会喜欢这个猪猪灯笼！

哼！朱门酒肉臭！

多谢两位仁兄，我先干为敬！

明年我们再聚！

祝兄台一路顺风！

今年收成不错呀！

三五成群，刁民一定是在诋毁天庭！

精耕细作，总会有好收成！

是的，可以过个肥年！

陛下，这帮不知天高地厚的无耻小民如此不敬，必须重罚，以儆效尤！

竟有此事？

陛下，人间的小民太可恶了，不但在背后说您的坏话，还诋毁天庭！十分可恶！

那就小小惩戒一下那些乱说话的人！

为了感激灶君的恩德，百姓从此将祭灶和扫尘作为小年的民间习俗。

除夕

儿童强不睡
相守夜欢哗

阖家团圆除夕夜

除夕，又叫大年夜、除夕夜、除夜等，是岁末最后一天的夜晚，意味着旧岁自此而除，另换新岁。除夕是人们辞旧迎新、阖家团圆的重要日子。

先秦时期，古人在新年的前一天用击鼓的方法来驱逐疫病，祈求平安，这被认为是除夕习俗的萌芽。唐代，最受人重视的是除夕守岁的习俗。帝王和达官贵人在除夕守岁时，往往大摆宴席，庭中燃着檀香篝（gōu）火，还有舞蹈、舞狮、杂技等节目。与此同时，民间也大多达旦不眠，畅谈对新年的美好希冀和祝愿。如今，除夕仍是一个共庆团圆、祈福迎新的传统佳节，活动丰富多彩且充满人间烟火气。

古诗词里的除夕

守岁（节选）

【宋】苏轼

儿童强不睡，相守夜欢哗。

晨鸡且勿唱，更鼓畏添挝。
<small>zhuā</small>

坐久灯烬落，起看北斗斜。

明年岂无年，心事恐蹉跎。
<small>cuō tuó</small>

努力尽今夕，少年犹可夸。

译文

孩童们强撑着不愿意睡觉，和大人一起守夜，笑语喧哗。晨鸡不要叫了，一声声更鼓敲着叫人心发慌。灯花掉落，北斗星斜。眼看着一年的最后一天就要过去，虽然明年还有年节，但也免不了失落。那就珍惜这一个晚上吧，少年人意气还可以自夸。

节日里的习俗

年夜饭

年夜饭，又称团年饭、团圆饭，是家家户户岁末的盛大聚餐，是人们一年到头最热闹、最愉快的时刻。人们准备了丰盛的年夜饭，备上美酒佳酿，一家人坐在一起，其乐融融。年夜饭的菜肴往往被赋予很多美好的寓意，比如鱼象征年年有余，鸡象征大吉大利，年糕象征年年高升。

祭祖

除夕是传统的祭祖节日，各地的礼俗不同，祭祖的方式也不同。除夕的祭祀活动主要还是在家中举行，人们杀鸡宰鸭，祭拜祖先，有些地方的人们还会前往村头的庙宇祭拜集体供奉的社神。

卖痴呆

在古代，除夕的团圆饭过后，孩子们成群结队地来到街上，背插令旗，手提灯笼，一路吆喝着"卖痴呆！卖痴呆！"因为人们认为只有把痴呆"卖"出去，小孩才能变得聪明伶俐。

贴年红

春节期间，贴春联、门神、福字和年画等统称贴年红。这些红色元素不仅装饰了门户，还寄托着人们对美好生活的期盼和向往。

贴春联

春联，也叫春贴，起源于桃符，上面写着或刻着神荼（shēn shū）和郁垒（yù lǜ）两位门神的名字。春联的内容大多围绕家庭团圆、富贵吉祥等美好愿望，文字巧妙形象，对偶工整，简洁明了。

贴福字

人们在红纸上写上福字，张贴在屋门、墙壁或门楣上，寓意福气满满。福字的贴法也有讲究。大门上的福字要正着贴，代表"迎福""纳福"。而在家里的水缸、箱柜上，则要倒着贴"福"字，寓意福到，福气自然来。

贴门神

门神，是古人信仰的守卫门户的神灵，古人认为将门神的形象贴于门上，便可以保家宅平安。神荼和郁垒是最早的门神形象，而秦琼和尉迟恭两位武将则是民间广泛流传的门神形象。

贴窗花

贴窗花是古老的汉族节日习俗，人们用红色的纸张剪裁出花鸟虫鱼、神话故事或传奇人物等各式图案，这些图案或概括或夸张，承载着人们不同的愿景，将节日装点得红火富丽、喜气洋洋。

挂年画

挂年画源于贴门神，早期主要用于驱凶辟邪、祈福迎祥，后来用来烘托新年气氛。年画的题材包罗万象，有神仙、瑞兽祥禽和历史故事等。

动动手

下面让我们一起来剪一个六折的窗花吧!

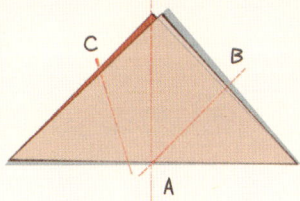

01 准备一张正方形的红纸。

02 将纸对角折叠一次,然后将右角对准中轴线折出折痕,点B为右边边线的中点。将左角对准点B折出折痕,找出左边边线的交点C。

03 将右角沿着线段AC折叠过来,再将左角沿着线段AC折叠,这样就可以折出三等份。

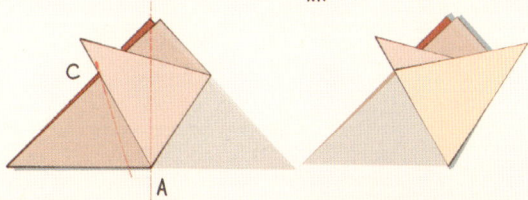

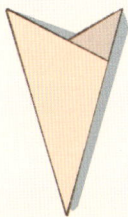

04 将折好的纸对折一次,然后画上图案。

05 沿着图案的边缘剪去多余部分,打开便得到一个好看的窗花啦。

挂灯笼

灯笼又叫灯彩,红色代表喜庆,圆形的灯笼则寓意团圆美满。每年的除夕,人们都会挂起象征团圆的红灯笼,营造出一种平安祥和、红红火火的节日氛围。

灯笼神

人们称姜子牙为灯笼神,也叫光明神。传说姜子牙执掌"封神榜",分封了天庭八部三百六十五位正神,却没给自己封神。临近年关,众神归位,姜子牙无处可去,只好栖身于灯笼竿头。因此每年这个时候,人们会在灯笼竿头挂上红灯笼,让姜子牙栖居之所充满光明。

195

放鞭炮

古时候，人们认为燃烧竹子发出的"噼里啪啦"的声音可以驱逐恶鬼，保佑平安，因此称之为爆竹，也叫爆竿。后来人们用纸卷成筒，并装上火药，再用麻绳把装满火药的纸筒编成串。因为燃放的时候发出的声音十分清脆，好像甩鞭子发出的声音，所以得名鞭炮。

放烟火

宋代市集上出现了专门售卖烟火的作坊，人们随时可以买到烟火。除了零星的燃放，人们还把多个烟火组合燃放，场面十分壮观。

守岁熬"年"

传说在远古时代，有一种凶猛的怪兽叫年，它生性凶残，每逢年关晚上就四处活动。天亮之后就会回到山林躲起来，所以天一黑，人们都把门锁好，把牲畜圈好，挂起灯笼，围在火边闲聊直到天亮。这种习俗后来逐渐演变成除夕守岁的习惯。

踩岁

除夕之日，人们事先在屋外的地上铺满芝麻秸秆，到了子夜，孩子们到屋外把芝麻秸秆踩碎，踩得噼啪作响。古人认为这样做能够岁岁平安，寓意一年比一年好。

传说古代有一只四足妖兽叫"夕",它身形庞大,秉性凶残。白天的时候"夕"躲起来呼呼大睡,一到晚上就出来四处活动,见到什么就吃什么。

呼呼呼~

呼呼呼……

哇,美味的小点心……

不要过来!我不好吃!

天黑了,妖兽要出来了,见人就吃!你赶紧找个地方躲躲吧!

要不我们出去救救他吧!

我不敢,会被吃掉的!

妖兽太凶残了,我们打不过它的。这个人怕是要遭殃了!

天快黑了，那妖兽快来了吧！

天黑之前要把红布条都挂上去！

大家齐心协力，把妖兽赶出去！

要是能把"夕"赶跑，我每年都来帮忙搭竹塔！

成败就看今晚了！

爷爷，我的小灯笼也能帮上忙吗？

再多搭一些竹竿，让火烧得更大一些，爆竹的声音也能更大一些……

"夕"没敢来！有效果了！

竹塔烧起来了，大家快敲锣打鼓，把它吓走！

我们成功了！

真是太好了！过年不愁了！

灯笼挂上去真好看呀！

太好了，"夕"终于被赶跑了！

过年了，顺顺利利，红红火火！

到了腊月的最后一天，村民按照七郎的吩咐，男人们在村头路口用竹竿搭出高高的竹塔，女人们在自家门头、窗户系上红布条，老人和小孩则拿来家里的锅碗瓢盆，一切准备就绪，只等夜幕降临……

从那以后，每年腊月最后一天的晚上，家家户户都要贴春联、挂灯笼、放鞭炮，还守夜到天亮。